Städte-Ordnung

für die Provinzen

Preußen, Brandenburg, Pommern, Schlesien, Posen und Sachsen

vom 30. Mai 1853

mit den

aus späteren Gesetzen, insbesondere aus den § 7—21 des Zuständigkeits-Gesetzes vom 1. August 1883 sich ergebenden Aenderungen und Zusätzen.

Zusammengestellt von

H. Steffenhagen,

Syndicus.

Zehnte Auflage.

Berlin.

J. J. Heines Verlag.

1890.

Vorwort.

Die §§ 7—21 des Zuständigkeitsgesetzes vom 1. August 1883 haben 36 Paragraphen der Städte-Ordnung für die Provinzen Preußen, Brandenburg, Pommern, Schlesien, Posen und Sachsen vom 30. Mai 1853 theils ganz aufgehoben, theils in wesentlichen Bestimmungen oder in einzelnen Worten abgeändert. Es entspricht deshalb einem praktischen Bedürfnisse, eine Textausgabe der Städte-Ordnung mit den durch die §§ 7—21 des Zuständigkeitsgesetzes veranlaßten Aenderungen und Zusätzen herzustellen. Einem solchen Bedürfnisse ist durch die vorliegende Ausgabe Rechnung getragen, in welcher es übersichtlich gemacht ist, welche Paragraphen der Städte-Ordnung und in wieweit dieselben Aenderungen und Zusätze erhalten haben. Diese Aenderungen und Zusätze sind nämlich gesperrt gedruckt und ist den gesperrten Worten in jedem Falle der betreffende abändernde Paragraph des Zuständigkeitsgesetzes vom 1. August 1883 (abgekürzt: Zust.=G.) in Klammern beigefügt, während die durch jenes Gesetz beseitigten Textesworte fortgelassen sind.

Ich schließe mit dem Wunsche, daß diese Ausgabe allen denjenigen Beamten, welche Gelegenheit haben, fast täglich die Bestimmungen der Städte=Ordnung praktisch zu verwerthen, zum Nachschlagen eine sehr willkommene sein möge, sowie mit der Erklärung, daß diese Ausgabe unentbehrlich ist für diejenigen unbesoldeten Mitglieder der Magisträte und für diejenigen Mitglieder der Stadtverordneten=Versammlungen, welchen es in Folge ihres bürgerlichen Berufs an Zeit fehlt, sich mit dem Studium des Zuständigkeitsgesetzes vom 1. August 1883 an sich und in seinem Verhältnisse zu der Städte=Ordnung zu befassen und welche dennoch genau darüber orientirt sein müssen, welche Theile der Städte=Ordnung nach dem Inkrafttreten des Zuständigkeitsgesetzes ungültig geworden und durch die mannigfachen Abänderungen resp. Zusätze jenes Gesetzes ersetzt worden sind.

Demmin, den 6. Juni 1884.

H. Steffenhagen,
Beigeordneter.

Inhalts-Verzeichniß.

Titel II.

Von der Zusammensetzung und Wahl der Stadtverordneten-Versammlung.

Titel III.

Von der Zusammensetzung und Wahl des Magistrats.

Titel IV.

Von den Versammlungen und Geschäften der Stadtverordneten.

Titel V.

Von den Geschäften des Magistrats.

Titel VI.

Von den Gehältern und Pensionen.

Titel VII.

Von dem Gemeinde-Haushalte.

Titel VIII.

Von der Errichtung der städtischen Verfassung ohne kollegialischen Gemeindevorstand für Städte, welche nicht mehr als 2500 Einwohner haben.

Titel IX.

Von der Verpflichtung zur Annahme von Stellen und von dem Ausscheiden aus denselben wegen Verlustes des Bürgerrechts.

Titel X.

Von der Oberaufsicht über die Stadtverwaltung.

Titel XI.

Ausführungs- und Uebergangsbestimmungen.

Einleitung.

§ 1.

Die gegenwärtige Städte-Ordnung soll in den bisher auf dem Provinzial-Landtage im Stande der Städte vertretenen Städten der Provinzen Preußen, Brandenburg, Pommern, Schlesien, Posen und Sachsen zur Anwendung kommen, desgleichen in den im Stande der Städte nicht vertretenen Ortschaften dieser Provinzen, in welchen bisher eine der beiden Städte-Ordnungen vom 19. November 1808 und vom 17. März 1831 gegolten hat.

In Ansehung derjenigen im Stande der Städte auf den Provinzial-Landtagen nicht vertretenen Ortschaften (Flecken)*), wo bisher weder

*) Anm. Die Bestimmungen der § 7—21 des Zuständigkeitsgesetzes vom 1. August 1883, welche in dieser Ausgabe gesperrt gedruckt sind, finden auch Anwendung auf die in § 1 Abs. 2 erwähnten Ortschaften (Flecken). — cfr. Zust.-G. § 22.

eine dieser Städte-Ordnungen gegolten, noch die ländliche Gemeinde-Verfassung bestanden hat, bleibt die nähere Festsetzung ihrer Gemeindeverhältnisse mit Berücksichtigung der Vorschriften im Titel VIII der gegenwärtigen Städte-Ordnung der Bestimmung des Königs nach Anhörung des Provinzial-Landtages vorbehalten.

Wegen der Städte in Neu-Vorpommern und Rügen ergeht ein besonderes Gesetz.

Titel I.

Von den Grundlagen der städtischen Verfassung.

§ 2.

Den städtischen Gemeindebezirk (Stadtbezirk) bilden alle diejenigen Grundstücke, welche demselben bisher angehört haben.

Grundstücke, welche bisher noch keinem Gemeinde- oder selbstständigen Gutsbezirke angehört haben, können nach Vernehmung der Betheiligten und nach Anhörung des Kreistages durch Beschluß des Bezirks-Ausschusses (Zust.-G. § 8) mit dem Stadtbezirk vereinigt werden: denn der Bezirks-Ausschuß beschließt über die Veränderung der Grenzen der Stadtbezirke (Zust.-G. § 8 Abs. 1).

Eine Vereinigung eines ländlichen Gemeinde- oder eines selbstständigen Gutsbezirks mit einer Stadtgemeinde kann nur unter Zustimmung der Vertretungen der betheiligten Gemeinden sowie des betheiligten Gutsbesitzers nach Anhörung des Kreistages mit Genehmigung des Königs erfolgen.

Die Abtrennung einzelner Grundstücke von einem Stadtbezirk und deren Vereinigung mit einem angrenzenden Gemeinde- oder selbstständigen Gutsbezirk, sowie die Abtrennung einzelner bisher zu einer anderen Gemeinde oder zu einem selbstständigen Gute gehörender Grundstücke und deren Vereinigung mit einem angrenzenden Stadtbezirk kann nach Anhörung des Kreistages durch Beschluß des Bezirks-Ausschusses (Zust.-G. § 8) vorgenommen werden, wenn außer den Vertretungen der betheiligten Gemeinden und den betheiligten Gutsbesitzern auch die Eigenthümer jener Grundstücke darin einwilligen. In Ermangelung der Einwilligung aller Betheiligten kann eine Veränderung dieser Art in den Gemeinde- oder Gutsbezirken nur in dem Falle, wenn dieselbe im öffentlichen Interesse als nothwendiges Bedürfniß sich ergiebt, und alsdann nur mit Genehmigung des Königs nach Vernehmung der Betheiligten und nach Anhörung des Kreistages stattfinden.

In allen vorstehenden Fällen ist der Beschluß des Kreistages vor Einholung der höheren Genehmigung den Betheiligten nachrichtlich mitzutheilen.

Der Bezirksausschuß beschließt über die in Folge einer Veränderung der Grenzen der Stadtbezirke nothwendig werdende Auseinandersetzung zwischen den betheiligten Gemeinden, vorbehaltlich der den letzteren gegen einander zustehenden Klage im Verwaltungsstreitverfahren (Zust.=G. § 8 Abs. 2). Für den Stadtkreis Berlin ist das Oberverwaltungsgericht zuständig (Zust.=G. § 21).

Privatrechtliche Verhältnisse dürfen durch dergleichen Veränderungen niemals gestört werden.

Eine jede solche Veränderung ist durch das Amtsblatt bekannt zu machen. Veränderungen, welche bei Gelegenheit einer Gemeinheitstheilung vorkommen, unterliegen diesen Bestimmungen nicht.

Streitigkeiten über die bestehenden Grenzen der Stadtbezirke unterliegen der Entscheidung im Verwaltungsstreitverfahren (Zust.=G. § 9 Abs. 1).

Ueber die Festsetzung streitiger Grenzen

beschließt vorläufig, sofern es das öffentliche Interesse erheischt, der Bezirks-Ausschuß. Bei dem Beschlusse behält es bis zur rechtskräftigen Entscheidung im Verwaltungsstreitverfahren sein Bewenden (Zust.-G. § 9 Abs. 2). Für den Stadtkreis Berlin ist das Oberverwaltungsgericht zuständig (Zust.-G. § 21).

§ 3.

Alle Einwohner des Stadtbezirks, mit Ausnahme der servisberechtigten Militairpersonen des activen Dienststandes, gehören zur Stadtgemeinde.

Als Einwohner werden diejenigen betrachtet, welche in dem Stadtbezirke nach den Bestimmungen der Gesetze ihren Wohnsitz haben.

§ 4.

Alle Einwohner des Stadtbezirks sind zur Mitbenutzung der öffentlichen Gemeinde-Anstalten der Stadt berechtigt und zur Theilnahme an den städtischen Gemeindelasten nach den Vorschriften dieses Gesetzes verpflichtet.

Die Bestimmungen besonderer Stiftungen, welche mit dergleichen städtischen Gemeinde-Anstalten verbunden sind, sowie die hinsichtlich solcher Anstalten auf besonderen Titeln beruhenden Privatrechte werden hierdurch nicht berührt.

Aktiengesellschaften, Kommanditgesellschaften auf Aktien, Berggewerkschaften, eingetragene Genossenschaften, deren Geschäftsbetrieb über den Kreis ihrer Mitglieder hinausgeht, und juristische Personen, insbesondere auch Gemeinden und weitere Kommunalverbände, unterliegen in Gemeinden, in welchen sie Grundbesitz, gewerbliche Anlagen, Eisenbahnen oder Bergwerke haben, Pachtungen, stehende Gewerbe, Eisenbahnen und Bergbau betreiben, hinsichtlich des ihnen aus diesen Quellen in der Gemeinde zufließenden Gemeindeabgaben.

Bis zur anderweitigen Regelung der Heranziehung des Staatsfiskus zu den auf das Einkommen gelegten Gemeindeabgaben in Verbindung mit der Ueberweisung von Grund- und Gebäudesteuer an die Kommunalverbände unterliegt der Staatsfiskus diesen Abgaben bezüglich des Einkommens aus den von ihm betriebenen Gewerbe-, Eisenbahn- und Bergbauunternehmungen, sowie aus den Domänen und Forsten.

Der im vorletzten Absatz gedachten Abgabepflicht unterliegen auch physische Personen, welche in Gemeinden, ohne daselbst einen Wohnsitz zu haben, oder sich länger als drei Monate aufzuhalten,

Grundbesitz, gewerbliche Anlagen, Eisenbahnen oder Bergwerke haben, Pachtungen, stehende Gewerbe, Eisenbahnen oder außerhalb einer Gewerkschaft Bergbau betrieben. — Forensen. — (Gesetz, betr. Ergänzung und Abänderung einiger Bestimmungen über Erhebung der auf das Einkommen gelegten direkten Kommunalabgaben, vom 27. Januar 1885).

Die Gemeinde kann neu Anziehende, gleich den übrigen Gemeinde-Einwohnern, zu den Gemeindelasten heranziehen. Uebersteigt die Dauer des Aufenthalts nicht den Zeitraum von drei Monaten, so sind die neu Anziehenden diesen Lasten nicht unterworfen. (Reichsgesetz über die Freizügigkeit vom 1. November 1867).

Zu den auf den Grundbesitz oder auf das stehende Gewerbe gelegten Lasten sind auch die in § 3 erwähnten Militairpersonen verpflichtet, wenn sie im Stadtbezirk mit Grundeigenthum angesessen sind, oder ein stehendes Gewerbe treiben. Von anderen direkten Gemeindeabgaben und Lasten sind dieselben, mit Ausnahme der Militairärzte rücksichtlich ihres Einkommens aus einer Civilpraxis und der im Offiziersrange stehenden Militairpersonen des Friedensstandes, welche der Heranziehung zur Klassen- oder klassifizirten Einkommensteuer unter liegen, rücksichtlich ihres aus sonstigen Quellen fließenden außerdienstlichen Einkommens (Gesetz betreffend die Heranziehung der Militairpersonen zu Abgaben für Gemeindezwecke vom 29. Juli 1886), frei; von Verbrauchssteuern bleiben nur die Militair-Speise-Einrichtungen und ähnliche Anstalten in dem bisherigen Umfange befreit.

Inwieweit zu den Gemeindeabgaben und Lasten auch Waldungen herangezogen werden können, ist nach den besonderen Verhältnissen derselben zu den Gemeinden zu bemessen. Der Provinzial-Landtag hat darüber nähere Bestimmungen zu treffen, welche der Genehmigung des Königs bedürfen.

Bis zum Erlaß solcher Bestimmungen können Waldbesitzer zu den Gemeindeabgaben und Lasten in höherem Maße, als seither, nicht herangezogen werden.

Die im § 2 des Gesetzes vom 24. Februar 1850 (Ges.-Samml. S. 62) bezeichneten ertragsunfähigen oder zu einem öffentlichen Dienste oder Gebrauche bestimmten Grundstücke sind nach Maßgabe der Kabinets-Ordre vom 8. Juni 1834 (Ges.-Samml. S. 87), die Dienstgrundstücke der Geistlichen, Kirchendiener und Elementar-Schullehrer aber überhaupt von den Gemeindeauflagen befreit.

Zeitweilige Befreiungen von Gemeindeabgaben und Leistungen für neu gebaute Grundstücke sind zulässig.

Alle sonstigen nicht persönlichen Befreiungen können von den Stadtgemeinden abgelöst werden, und hören auf, wenn die Entschädigung festgestellt und gezahlt ist; bis dahin bestehen dieselben in ihrem bisherigen Umfange fort, erstrecken sich jedoch nur auf den gewöhnlichen Zustand, nicht auf außerordentliche Leistungen.

Die Befreiung und der Anspruch auf Entschädigung erlöschen, wenn sie in Städten, wo die Gemeinde-Ordnung vom 11. März 1850 bereits eingeführt ist, nicht binnen Jahresfrist nach deren Einführung bei dem Gemeinde-Vorstand (Magistrat) angemeldet sind, und in den anderen Städten nicht binnen Jahresfrist nach Einführung der gegenwärtigen Städte-Ordnung bei demselben angemeldet werden. Die Entschädigung wird zum zwanzigfachen Betrage des Jahreswerthes der Befreiung nach dem Durchschnitt der letzten zehn Jahre vor der Verkündigung dieser Städte-Ordnung geleistet.

Steht ein anderer Entschädigungs-Maßstab durch speciellen Rechtstitel fest, so hat es hierbei sein Bewenden. Der Entschädigungs-Betrag wird durch Schiedsrichter, mit Ausschluß der ordentlichen Rechtsmittel, festgestellt; von diesen wird der eine von dem Besitzer des bisher befreiten Grundstücks, der andere von der Gemeinde-Vertretung ernannt. Der Obmann ist, wenn sich die Schiedsrichter über dessen Ernennung nicht verständigen können, von der Aufsichtsbehörde zu ernennen.

Die Geistlichen, Kirchendiener und Elementar-Schullehrer bleiben von den directen persönlichen Gemeindeabgaben hinsichtlich ihres Diensteinkommens insoweit befreit, als ihnen diese Befreiung zur Zeit der Verkündigung der Gemeinde-Ordnung vom 11. März 1850 zustand.

Geistliche und Schullehrer bleiben von allen persönlichen Gemeindediensten, soweit dieselben nicht auf ihnen gehörigen Grundstücken lasten, befreit, Kirchendiener insoweit, als ihnen diese Befreiung zur Zeit der Verkündigung der Gemeinde-Ordnung vom 11. März 1850 zustand.

Alle übrigen persönlichen Befreiungen sind ohne Entschädigung aufgehoben.

Wegen der Besteuerung des Diensteinkommens der Beamten sind die Vorschriften des Gesetzes vom 11. Juli 1822 (Ges.-Samml. S. 184) und der Kabinets-Ordre vom 14. Mai 1832 (Ges.-Samml. S. 145) anzuwenden, sowie der § 12 des Gesetzes vom 27. Juli 1885 über das Steuerdomizil der Beamten. Das nothwendige Domizil der Beamten findet bei der Kommunal-Besteuerung keine Anwendung. (Gesetz vom 27. Juli 1885 § 12).

Durch die in diesen Gesetzen bestimmten Geldbeiträge sind die Beamten zugleich von persönlichen Diensten frei. Sind sie jedoch Besitzer von Grundstücken, oder betreiben sie ein stehendes Gewerbe, so müssen sie die mit diesem Grundbesitz resp. Gewerbe verbundenen persönlichen Dienste entweder selbst, oder für den Fall der Verhinderung Stellvertreter leisten.

§ 5.

Das Bürgerrecht besteht in dem Rechte zur Theilnahme an den Wahlen, sowie in der Befähigung zur Uebernahme unbesoldeter Aemter in der Gemeindeverwaltung und zur Gemeindevertretung.

Jeder selbstständige Preuße erwirbt dasselbe, wenn er seit einem Jahre

1) Einwohner des Stadtbezirks ist und zur Stadtgemeinde gehört — (§ 3) —,
2) keine Armen-Unterstützung aus öffentlichen Mitteln empfangen,
3) die ihn betreffenden Gemeindeabgaben gezahlt hat und außerdem
4) entweder
   a. ein Wohnhaus im Stadtbezirk besitzt (§ 16), oder

b. ein stehendes Gewerbe selbstständig als Haupterwerbsquelle und in Städten von mehr als 10,000 Einwohnern mit wenigstens zwei Gehilfen selbstständig betreibt, oder
c. zur klassificirten Einkommensteuer veranlagt ist, oder
d. an Klassensteuer einen Jahresbetrag von mindestens sechs Mark (Gesetz vom 25. Mai 1873 § 9, b) entrichtet.

In den vormals mahl- und schlachtsteuerpflichtigen Städten sind statt dessen die Einwohner von dem Magistrat nach den Grundsätzen der Klassensteuer-Veranlagung einzuschätzen; es können jedoch auch die Stadtbehörden beschließen, an die Stelle des Klassensteuersatzes von mindestens sechs M. ein jährliches Einkommen treten zu lassen, welches beträgt:
in Städten von weniger als 10,000 Einwohnern 600 M.,
in Städten von 10,000 bis 50,000 Einwohnern 750 M.,
in Städten von mehr als 50,000 Einwohnern 900 M. (Gesetz vom 25. Mai 1873 § 9, b).

Steuerzahlungen, Einkommen, Haus- und Grundbesitz der Ehefrau werden dem Ehemann, Steuerzahlungen, Einkommen, Haus- und Grundbesitz der minderjährigen, beziehungsweise der in väterlicher Gewalt befindlichen Kinder, dem Vater angerechnet.

In den Fällen, wo ein Haus durch Vererbung auf einen andern übergeht, kommt dem Erben bei Berechnung der Dauer des einjährigen Wohnsitzes die Besitzzeit des Erblassers zu Gute.

Als selbstständig wird nach vollendetem vierundzwanzigsten Lebensjahre ein Jeder betrachtet, der einen eigenen Hausstand hat, sofern ihm nicht das Verfügungsrecht über sein Vermögen oder dessen Verwaltung durch richterliches Erkenntniß entzogen ist.

Inwiefern über die Erlangung des Bürgerrechts von dem Magistrat eine Urkunde (Bürgerbrief) zu ertheilen ist, bleibt der statutarischen Anordnung vorbehalten. Von dem Besitze des Bürgerrechts soll die Zulassung zu dem Gewerbebetriebe in keiner Gemeinde und bei keinem Gewerbe abhängig sein.

Nach dem begonnenen Gewerbebetriebe ist der Gewerbetreibende auf Verlangen der Gemeindebehörde nach Ablauf von drei Jahren verpflichtet, das Bürgerrecht zu erwerben. Es darf jedoch in diesem Falle von ihm das sonst vorgeschriebene oder übliche Bürgerrechtgeld nicht gefordert und ebenso nicht verlangt werden, daß er sein anderweit erworbenes Bürgerrecht aufgebe. (Gewerbeordnung vom 21. Juni 1869 — 1. Juli 1883 § 3).

§ 6.

Verlegt ein Bürger seinen Wohnsitz nach einer anderen Stadt, so kann ihm das Bürgerrecht in seinem neuen Wohnort, wenn sonst die Erfordernisse zur Erlangung desselben vorhanden sind, von dem Magistrate im Einvernehmen mit der Stadtverordneten-Versammlung (§ 12) schon vor Ablauf eines Jahres verliehen werden.

Diese Bestimmungen finden auch auf den Fall Anwendung, wenn der Besitzer eines einen besonderen Gutsbezirk bildenden Gutes oder ein stimmberechtigter Einwohner einer Landgemeinde seinen Wohnsitz nach einer Stadt verlegt.

Der Magistrat ist, im Einverständniß mit der Stadtverordnetenversammlung, befugt, Männern, welche sich um die Stadt verdient gemacht haben, ohne Rücksicht auf die oben gedachten besonderen Erfordernisse, das Ehrenbürgerrecht zu ertheilen, wodurch keine städtischen Verpflichtungen entstehen.

§ 7.

Die Aberkennung der bürgerlichen Ehrenrechte bewirkt den dauernden Verlust der aus öffentlichen Wahlen für den Verurtheilten hervorgegangenen Rechte, ingleichen den dauernden Verlust der öffentlichen Aemter, sowie die Unfähigkeit, während der im Urtheile bestimmten Zeit öffentliche Aemter zu erlangen und das Bürgerrecht zu erwerben. (Strafgesetzbuch für das Deutsche Reich §§ 33 und 34).

Die Aberkennung der Fähigkeit zur Bekleidung öffentlicher Aemter hat den dauernden Verlust der bekleideten Aemter von Rechtswegen und die Unfähigkeit zur Bekleidung öffentlicher Aemter vom Eintritt der Rechtskraft des Urtheils an während der darin bestimmten Zeit zur Folge. (Strafgesetzbuch für das Deutsche Reich §§ 35 und 36).

Ist gegen einen Bürger wegen eines Verbrechens oder wegen eines Vergehens, welches die Aberkennung der bürgerlichen Ehrenrechte nach sich ziehen muß oder kann, das Hauptverfahren eröffnet oder die Anklage erhoben, oder ist derselbe zur gerichtlichen Haft gebracht, so ruht die Ausübung des ihm zustehenden Bürgerrechts so lange, bis die gerichtliche Untersuchung beendigt ist. (Deutsche Strafprozeßordnung vom 1. Februar 1877 § 196 ff).

Das Bürgerrecht geht verloren, sobald eines der zur Erlangung desselben vorgeschriebenen Erfordernisse bei dem bis dahin dazu Berechtigten nicht mehr zutrifft.

Verfällt ein Bürger in Konkurs, so verliert er dadurch das Bürgerrecht; die Befähigung, dasselbe wieder zu erlangen, kann ihm, wenn er die Befriedigung seiner Gläubiger nachweist, von den Stadtbehörden verliehen werden.

Die Stadtverordneten-Versammlung beschließt auf Beschwerden und Einsprüche, betreffend

1) den Besitz oder den Verlust des Bürgerrechts, insbesondere des Rechts zur Theilnahme an den Wahlen zur Gemeindevertretung,
2) die Verpflichtung zum Erwerbe oder zur Verleihung des Bürgerrechts, beziehungsweise zur Zahlung von Bürgergewinngeldern (Ausfertigungs-Gebühren) und zur Leistung des Bürgereides,
3) die Zugehörigkeit zu einer bestimmten Bürgerklasse (Zust.-Ges. § 10).

Der Beschluß der Stadtverordneten-Versammlung bedarf keiner Genehmigung oder Bestätigung von Seiten des Magistrats oder der Aufsichtsbehörde. Gegen den Beschluß findet die Klage im Verwaltungsstreitverfahren beim Bezirks-Ausschusse binnen zwei Wochen statt. Die Klage steht auch dem Magistrate zu. Sie hat keine aufschiebende Wirkung (Zust.-Ges. § 10). Die Stadtverordneten-Versammlung und der Magistrat können zur Wahrnehmung ihrer Rechte im Verwaltungsstreit-Verfahren einen besonderen Vertreter bestellen (Zust.-Ges. § 21).

§ 8

Wer in einer Stadt seit einem Jahre mehr als einer der drei höchstbesteuerten Einwohner sowohl an directen Staats- als an Gemeinde-Abgaben entrichtet, ist, auch ohne im Stadtbezirke zu wohnen, oder sich selbst aufzuhalten, berechtigt, an den Wahlen Theil zu nehmen, falls bei ihm die übrigen Erfordernisse dazu vorhanden sind.

Dasselbe Recht haben juristische Personen, wenn sie in einem solchen Maaße in der Gemeinde besteuert sind.

§ 9.

Die Stadtgemeinden sind Korporationen; denselben steht die Selbstverwaltung ihrer Angelegenheiten nach näherer Vorschrift dieses Gesetzes zu.

§ 10.

In den Städten wird ein Magistrat (kollegialischer Gemeindevorstand) und eine Stadtverordnetenversammlung gebildet, welche nach näherer Vorschrift dieses Gesetzes dieselben vertreten. Der Magistrat ist die Obrigkeit der Stadt und verwaltet die städtischen Gemeinde-Angelegenheiten. Die Ausnahmen bestimmt Tit. VIII.

§ 11.

Jede Stadt ist befugt, besondere statutarische Anordnungen zu treffen:

1) über solche Angelegenheiten der Stadtgemeinde, sowie über solche Rechte und Pflichten ihrer Mitglieder, hinsichtlich deren das gegenwärtige Gesetz Verschiedenheiten gestattet oder keine ausdrücklichen Bestimmungen enthält;
2) über sonstige eigenthümliche Verhältnisse und Einrichtungen, insbesondere hinsichtlich der den gewerblichen Genossenschaften bei Eintheilung der stimmfähigen Bürger und bei Bildung der Wahlversammlungen und der städtischen Vertretung zu gewährenden angemessenen Berücksichtigung.

Dergleichen Anordnungen bedürfen der Bestätigung des Bezirks-Ausschusses (Zust.-Ges. § 16, Abs. 3).

Titel II.

Von der Zusammensetzung und Wahl der Stadtverordneten-Versammlung.

§ 12.

Die Stadtverordneten-Versammlung besteht

aus zwölf Mitgliedern in Stadtgemeinden von weniger als 2500 Einwohnern,

aus	18	in Gem.	von	2,000	bis	5,000	Einw.,
=	24	=	=	5,000	=	10,000	=
=	30	=	=	10,001	=	20,000	=
=	36	=	=	20,001	=	30,000	=
=	42	=	=	30,001	=	50,000	=
=	48	=	=	50,001	=	70,000	=
=	54	=	=	70,001	=	90,000	=
=	60	=	=	90,001	=	120,000	=

In Gemeinden von mehr als 120,000 Einwohnern treten für jede weitere 50,000 Einwohner sechs Stadtverordnete hinzu.

Wo die Zahl der Stadtverordneten bisher eine andere gewesen ist, verbleibt es bei dieser Zahl, bis durch statutarische Anordnung, welcher überhaupt abweichende Festsetzungen über die Zahl der Stadtverordneten vorbehalten werden, eine Aenderung getroffen ist.

§ 13.

Zum Zweck der Wahl der Stadtverordneten werden die stimmfähigen Bürger (§§ 5 bis 8) nach Maßgabe der von ihnen zu entrichtenden directen Steuern (Gemeinde-, Kreis-, Bezirks-, Provinzial- und Staats-Abgaben) in drei Abtheilungen getheilt. In den Städten, wo die Mahl- und Schlachtsteuer besteht, werden diejenigen stimmfähigen Bürger, welche zur Staats-Einkommensteuer nicht herangezogen werden, von dem Magistrat nach den Grundsätzen der Klassensteuer-Veranlagung eingeschätzt und der Betrag, welcher danach als Klassensteuer zu zahlen sein würde, bei den vorstehend gedachten Steuern mitberechnet. Doch können auch die Stadtbehörden in den gedachten Städten beschließen, die Bildung der drei Abtheilungen nach Maßgabe des Einkommens der stimmfähigen Bürger zu bewirken.

Die erste Abtheilung besteht aus denjenigen, auf welche die höchsten Beträge bis zum Belauf eines Drittels des Gesammtbetrages der Steuer aller stimmfähigen Bürger fallen, oder welche das höchste Einkommen bis zum Belauf eines Drittels des Gesammteinkommens aller stimmfähigen Bürger besitzen. Die übrigen stimmfähigen Bürger bilden die zweite und dritte Abtheilung; die zweite reicht bis zum zweiten Drittel der Gesammtsteuer, beziehungsweise des Gesammteinkommens aller stimmfähigen Bürger.

In die erste, beziehungsweise zweite Abtheilung gehört auch derjenige, dessen Steuerbetrag oder Einkommen nur theilweise in das erste, beziehungsweise zweite Dritttheil fällt.

Steuern, die für Grundbesitz oder Gewerbebetrieb in einer anderen Gemeinde entrichtet werden, sowie die Steuern für die im Umherziehen betriebenen Gewerbe sind bei der Bildung der Abtheilungen nicht anzurechnen.

Kein Wähler kann zweien Abtheilungen zugleich angehören.

Läßt sich weder nach dem Steuerbetrage oder Einkommen, noch nach der alphabetischen Ordnung der Name bestimmen, welcher unter mehreren Wählern zu einer bestimmten Abtheilung zu rechnen ist, so entscheidet das Loos.

Jede Abtheilung wählt ein Drittel der Stadtverordneten, ohne dabei an die Wähler der Abtheilung gebunden zu sein.

§ 14.

Gehören zu einer Abtheilung mehr als fünfhundert Wähler, so kann die Wahl derselben nach dazu gebildeten Wahlbezirken geschehen. Enthält eine Stadtgemeinde mehrere Ortschaften, so kann dieselbe mit Rücksicht hierauf in Wahlbezirke eingetheilt werden. Die Anzahl und die Grenzen der Wahlbezirke, sowie die Anzahl der von einem jeden derselben zu wählenden Stadtverordneten werden nach Maßgabe der Zahl der stimmfähigen Bürger von dem Magistrat festgesetzt.

§ 15.

Bei Stadtgemeinden, welche mehrere Ortschaften enthalten kann der Bezirks-Ausschuß (Zust.-G. § 12) nach Verhältniß der Einwohnerzahl bestimmen, wie viel Mitglieder der Stadtverordneten-Versammlung aus jeder einzelnen Ortschaft zu wählen sind.

§ 16.

Die Hälfte der von jeder Abtheilung zu wählenden Stadtverordneten muß aus Hausbesitzern (Eigenthümern, Nießbrauchern und solchen, die ein erbliches Besitzrecht haben) bestehen.

§ 17.

Stadtverordnete können nicht sein:

1) Diejenigen Beamten und Mitglieder derjenigen Behörden, durch welche die Aufsicht des Staats über die Städte ausgeübt wird (§ 76);
2) die Mitglieder des Magistrats und alle besoldeten Gemeindebeamten; die Ausnahmen bestimmen §§ 72 und 73;
3) Geistliche, Kirchendiener und Elementarlehrer;
4) die richterlichen Beamten, zu denen jedoch die technischen Mitglieder der Handels-, Gewerbe- und ähnlicher Gerichte nicht zu zählen sind;
5) die Beamten der Staatsanwaltschaft;
6) die Polizeibeamten.

Vater und Sohn, sowie Brüder dürfen nicht zugleich Mitglieder der Stadtverordneten-Versammlung sein. Sind dergleichen Verwandte zugleich erwählt, so wird der ältere allein zugelassen.

§ 18.

Die Stadtverordneten werden auf sechs Jahre gewählt.

Jedoch verliert jede Wahl ihre Wirkung, sobald einer der Fälle eintritt, in denen nach den Bestimmungen im § 7 der Gewählte des Bürgerrechts verlustig geht, oder von der Ausübung desselben für eine gewisse Zeit ausgeschlossen wird.

Tritt einer der Fälle ein, in denen nach jenen Bestimmungen die Ausübung des Bürgerrechts ruhen muß, so ist der Gewählte zugleich von der Theilnahme an den Geschäften der Stadtverordneten-Versammlung einstweilen bis zum Austrage der Sache ausgeschlossen.

Alle zwei Jahre scheidet ein Dritttheil der Mitglieder aus und wird durch neue Wahlen ersetzt.

Die das erste und zweite Mal Ausscheidenden werden für jede Abtheilung durch das Loos bestimmt.

§ 19.

Eine Liste der stimmfähigen Bürger, welche die erforderlichen Eigenschaften derselben nachweist, wird von dem Magistrat geführt und alljährlich im Juli berichtigt.

Die Liste wird nach den Wahlabtheilungen

und im Falle des § 14 nach den Wahlbezirken eingetheilt.

§ 20.

Vom 1. bis 15. Juli schreitet der Magistrat zur Berichtigung der Liste. Vom 15. bis 30. Juli wird die Liste in einem oder mehreren zur öffentlichen Kenntniß gebrachten Lokalen in der Stadtgemeinde offen ausgelegt.

Einsprüche gegen die Richtigkeit der Wählerliste sind während der Dauer der Auslegung der letzteren bei dem Magistrat zu erheben (Zust.-G. § 10).

Die Stadtverordneten-Versammlung hat darüber bis zum 15. August zu beschließen; der Beschluß bedarf keiner Zustimmung des Magistrats. Gegen den Beschluß der Stadtverordneten-Versammlung findet die Klage im Verwaltungsstreitverfahren beim Bezirks-Ausschusse binnen zwei Wochen statt. Die Klage steht auch dem Magistrate zu (Zust.-Ges. § 11 Abs. 1). Letzterer kann zur Wahrnehmung seiner Rechte im Verwaltungsstreitverfahren einen besonderen Vertreter bestellen, ebenso die Stadtverordneten-Versammlung (Zust.-G. § 21 Abs. 2.)

Soll der Name eines einmal in die Liste aufgenommenen Einwohners wieder ausgestrichen werden, so ist ihm dieses acht Tage vorher von dem Magistrate unter Angabe der Gründe mitzutheilen. Die Beschlußfassung über die Richtigkeit der Gemeindewählerliste steht der Stadtverordneten-Versammlung zu (Zust.-G. § 10 sub 2; cfr. § 35 der Städteord.)

§ 21.

Die Wahlen zur regelmäßigen Ergänzung der Stadtverordneten-Versammlung finden alle zwei Jahre im November statt. Bei dem zunächst vorhergehenden wöchentlichen Hauptgottesdienst ist auf die Wichtigkeit dieser Handlung hinzuweisen. Die Wahlen der dritten Abtheilung erfolgen zuerst, die der ersten zuletzt.

Außergewöhnliche Wahlen zum Ersatze innerhalb der Wahlperiode ausgeschiedener Mitglieder müssen angeordnet werden, wenn die Stadtverordneten-Versammlung oder der Magistrat oder der Bezirks-Ausschuß durch Beschluß (Zust.-Ges. § 12) es für erforderlich erachten. Der Ersatzmann bleibt nur bis zum Ende derjenigen sechs Jahre in Thätigkeit, auf welche der Ausgeschiedene gewählt war. Alle Ergänzungs- oder Ersatzwahlen werden von denselben Abtheilungen und Wahlbezirken (§ 14) vorgenommen, von denen der Ausgeschiedene gewählt war. Ist die Zahl der zu wählenden Stadtverordneten nicht durch drei theilbar, so ist, wenn nur einer übrig bleibt, dieser von der zweiten Abtheilung zu wählen. Bleiben zwei übrig, so wählt die erste Abtheilung den einen und die dritte Abtheilung den andern.

Die in den §§ 19—21 bestimmten Termine können durch statutarische Aenderungen abgeändert werden.

§ 22.

Der Magistrat hat jederzeit die nöthige Bestimmung zur Ergänzung der erforderlichen Anzahl von Hausbesitzern (§ 16) zu treffen.

Ist die Zahl der Hausbesitzer, welche zu wählen sind, nicht durch die Zahl der Wahlbezirke theilbar, so wird die Vertheilung der einzelnen Wahlbezirke durch das Loos bestimmt.

Mit dieser Beschränkung können die ausscheidenden Stadtverordneten jederzeit wieder gewählt werden.

§ 23.

Vierzehn Tage vor der Wahl werden die in der Liste (§§ 19 und 20) verzeichneten Wähler durch den Magistrat zu den Wahlen mittelst schriftlicher Einladung oder ortsüblicher Bekanntmachung berufen.

Die Einladung oder Bekanntmachung muß das Lokal, die Tage und die Stunden, in welchen die Stimmen bei dem Wahlvorstande abzugeben sind, genau bestimmen.

§ 24.

Der Wahlvorstand besteht in jedem Wahlbezirk aus dem Bürgermeister oder einem von diesem ernannten Stellvertreter als Vorsitzenden, und aus zwei von der Stadtverordneten-Versammlung gewählten Beisitzern. Für jeden Beisitzer wird von der Stadtverordneten-Versammlung ein Stellvertreter gewählt.

§ 25.

Jeder Wähler muß dem Wahlvorstande mündlich und laut zu Protokoll erklären, wem er seine Stimme geben will. Er hat so viele Personen zu bezeichnen, als zu wählen sind.

Nur die in § 8 erwähnten juristischen oder außerhalb des Stadtbezirks wohnenden höchstbesteuerten Personen können ihr Stimmrecht durch Bevollmächtigte ausüben. Die Bevollmächtigten müssen selbst stimmfähige Bürger sein. Ist die Vollmacht nicht in beglaubigter Form ausgestellt, so entscheidet über die Anerkennung derselben der Wahlvorstand endgültig.

§ 26.

Gewählt sind Diejenigen, welche bei der ersten Abstimmung die meisten Stimmen und zugleich absolute Stimmenmehrheit (mehr als die Hälfte der Stimmen) erhalten haben.

Wenn sich bei der ersten Abstimmung nicht

für so viele Personen, als zu wählen sind, die absolute Stimmenmehrheit ergeben hat, wird zu einer zweiten Wahl geschritten.

Der Wahlvorstand stellt die Namen derjenigen Personen, welche nächst den Gewählten die meisten Stimmen erhalten haben, so weit zusammen, daß die doppelte Zahl der noch zu wählenden Mitglieder erreicht wird. Diese Zusammenstellung gilt alsdann als die Liste der Wählbaren.

Zu der zweiten Wahl werden die Wähler durch eine das Ergebniß der ersten Wahl angebende Bekanntmachung des Wahlvorstandes sofort oder spätestens innerhalb acht Tagen aufgefordert. Bei der zweiten Wahl ist die absolute Stimmenmehrheit nicht erforderlich.

Unter Denjenigen, die eine gleiche Anzahl von Stimmen erhalten haben, giebt das Loos den Ausschlag.

Wer in mehreren Abtheilungen oder Wahlbezirken gewählt ist, hat zu erklären, welche Wahl er annehmen will.

§ 27.

Die Wahlprotokolle sind vom Wahlvorstande zu unterzeichnen und vom Magistrate aufzubewahren. Der Magistrat hat das Ergebniß der vollendeten Wahlen sofort bekannt zu machen.

Gegen die Gültigkeit der Wahlen zur Gemeinde-Vertretung können innerhalb zwei Wochen nach Bekanntmachung des Wahlergebnisses bei dem Magistrate von jedem stimmfähigen Bürger Einsprüche erhoben werden (Zust.-G. § 10).

Die Stadtverordneten beschließen über die Gültigkeit der Wahlen zur Gemeinde-Vertretung (Zust.-G. § 10). Der Beschluß bedarf keiner Genehmigung oder Bestätigung von Seiten des Gemeinde-Vorstandes oder der Aufsichtsbehörde. Gegen den Beschluß der Gemeinde-Vertretung findet die Klage binnen zwei Wochen im Verwaltungsstreitverfahren bei dem Bezirks-Ausschusse statt (Zust.-G. § 11 u. § 21). Die Klage steht auch dem Magistrate zu. Sie hat keine aufschiebende Wirkung; jedoch dürfen Ersatzwahlen vor ergangener rechtskräftiger Entscheidung nicht vorgenommen werden (Zust.-G. § 11). Der Magistrat sowie die Stadtverordneten-Versammlung können zur Wahrnehmung ihrer Rechte im Verwaltungsstreit-Verfahren einen besonderen Vertreter bestellen (Zust.-Ges. § 21).

Für einen Ungültigkeitsgrund ist es nicht zu erachten, wenn die der betreffenden geistlichen Behörde anheimzugebende Hinweisung auf die Wichtigkeit der Wahl (§ 21) unterblieben ist.

§ 28.

Die bei der regelmäßigen Ergänzung neugewählten Stadtverordneten treten mit dem Anfang des nächstfolgenden Jahres ihre Verrichtungen an; die Ausscheidenden bleiben bis zur Einführung der neugewählten Mitglieder in Thätigkeit.

Der Magistrat hat die Einführung der Gewählten und deren Verpflichtung durch Handschlag an Eidesstatt anzuordnen.

Titel III.

Von der Zusammensetzung und Wahl des Magistrats.

§ 29.

Der Magistrat besteht aus dem Bürgermeister, einem Beigeordneten oder zweiten Bürgermeister, als dessen Stellvertreter, einer Anzahl von Schöffen (Stadträthen, Rathsherren, Rathsmännern) und, wo das Bedürfniß es erfordert, noch aus einem oder mehreren besoldeten Mitgliedern (Syndikus, Kämmerer, Schulrath, Baurath u. s. w.).

Es gehören zum Magistrat in Stadtgemeinden von weniger als 2500 Einwohnern 2 Schöffen,
von 2,500 bis 10,000 Einwohnern 4 Schöffen,
" 10,001 " 30,000 " 6 "

von 30,001 bis 60,000 Einwohnern 7 Schöffen,
= 60,001 = 100,000 = 10 =

Bei mehr als 100,000 Einwohnern treten für jede weiteren 50,000 Einwohner 2 Schöffen hinzu.

Wo die Zahl der Mitglieder des Magistrats bisher eine andere gewesen ist, verbleibt es bei dieser Zahl, bis durch statutarische Anordnung, welcher überhaupt abweichende Festsetzungen über die Zahl der Magistratsmitglieder vorbehalten werden, eine Aenderung getroffen ist.

§ 30.

Mitglieder des Magistrats können nicht sein:

1) diejenigen Beamten und die Mitglieder derjenigen Behörden, durch welche die Aufsicht des Staats über die Städte ausgeübt wird (76);
2) die Stadtverordneten, ingleichen Gemeinde-Unterbeamte und in Städten über 10,000 Seelen die Gemeinde-Einnehmer (§ 56, Nr. 6);
3) Geistliche, Kirchendiener und Lehrer an öffentlichen Schulen;
4) die richterlichen Beamten, zu denen jedoch die technischen Mitglieder der Handels-, Gewerbe- und ähnlicher Gerichte nicht zu zählen sind;
5) die Beamten der Staatsanwaltschaft;
6) die Polizeibeamten.

Vater und Sohn, Schwiegervater und Schwiegersohn, Brüder und Schwäger dürfen nicht zugleich Mitglieder des Magistrats sein.

Entsteht die Schwägerschaft im Laufe der Wahlperiode, so scheidet dasjenige Mitglied aus, durch welches das Hinderniß herbeigeführt worden ist.

Vater und Sohn, Schwiegervater und Schwiegersohn sowie Brüder dürfen nicht zugleich Mitglieder des Magistrats und der Stadtverordneten-Versammlung sein.

Personen, welche die in dem Gesetze vom 7. Februar 1835 (Ges.-Samml. S. 18) bezeichneten Gewerbe betreiben, können nicht Bürgermeister sein.

§ 31.

Der Beigeordnete und die Schöffen (§ 29) werden auf sechs Jahre, der Bürgermeister und die übrigen Magistrats-Mitglieder dagegen auf zwölf Jahre von der Stadtverordneten-Versammlung gewählt.

Auch können Beigeordnete mit Besoldung angestellt werden, und erfolgt in diesem Falle deren Wahl gleichfalls auf zwölf Jahre.

Alle drei Jahre scheidet die Hälfte der Schöffen aus und wird durch neue Wahlen ersetzt. Die das erste Mal Ausscheidenden werden durch das Loos bestimmt. Die Ausscheidenden können wieder gewählt werden.

Wegen der außergewöhnlichen Ersatzwahlen kommt die Bestimmung § 21 zur Anwendung. Ueber die Vornahme außergewöhnlicher Ersatzwahlen kann auch der Bezirks-Ausschuß beschließen. (Zust.-G. § 12.)

§ 32.

Für jedes zu wählende Mitglied des Magistrats wird besonders abgestimmt. Die Wahl erfolgt durch Stimmzettel. Wird die absolute Stimmenmehrheit bei der ersten Abstimmung nicht erreicht, so werden diejenigen vier Personen, auf welche die meisten Stimmen gefallen sind, auf eine engere Wahl gebracht. Wird auch hierdurch die absolute Stimmenmehrheit nicht erreicht, so findet unter denjenigen zwei Personen, welche bei der zweiten Abstimmung die meisten Stimmen erhalten haben, eine engere Wahl statt. Bei Stimmengleichheit entscheidet das Loos.

§ 33.

Die gewählten Bürgermeister, Beigeordneten, Schöffen und besoldeten Magistrats-Mitglieder bedürfen der Bestätigung.

Die Bestätigung steht zu:

1) dem Könige hinsichtlich der Bürgermeister und Beigeordneten in Städten von mehr als 10 000 Einwohnern;

2) dem Regierungs-Präsidenten (Zust.-Ges. § 13) hinsichtlich der Bürgermeister und Beigeordneten in Städten, welche nicht über 10,000 Einwohner haben, sowie hinsichtlich der Schöffen und der besoldeten Magistrats-Mitglieder in allen Städten ohne Rücksicht ihrer Größe.

Die Bestätigung durch den Regierungs-Präsidenten kann nur unter Zustimmung des Bezirks-Ausschusses versagt werden. Lehnt der Bezirks-Ausschuß die Zustimmung ab, so kann dieselbe auf den Antrag des Regierungs-Präsidenten durch den Minister des Innern ergänzt werden.

Wird die Bestätigung vom Regierungs-Präsidenten unter Zustimmung des Bezirks-Ausschusses versagt, so kann dieselbe auf Antrag des Gemeinde-Vorstandes oder der Gemeinde-Vertretung von dem Minister des Innern ertheilt werden (Zust.-G. § 13).

Wird die Bestätigung versagt, so schreitet die Stadtverordneten-Versammlung zu einer neuen Wahl. Wird auch diese Wahl nicht bestätigt, so ist der Regierungs-Präsident (Zust.-G. § 7) berechtigt, die Stelle einstweilen auf Kosten der Stadt kommissarisch verwalten zu lassen.

Dasselbe findet statt, wenn die Stadtverordneten die Wahl verweigern, oder den nach der ersten Wahl nicht Bestätigten wiederwählen sollten.

Die kommissarische Verwaltung dauert so lange, bis die Wahl der Stadtverordneten-Versammlung, deren wiederholte Vornahme ihr jederzeit zusteht, die Bestätigung des Königs, beziehungsweise des Regierungs-Präsidenten (Zust.-G. § 7) erlangt hat.

§ 34.

Die Mitglieder des Magistrats werden vor ihrem Amtsantritt durch den Bürgermeister in öffentlicher Sitzung der Stadtverordnetenversammlung in Eid und Pflicht genommen; der Bürgermeister wird vom Regierungs-Präsidenten oder einem von diesem zu ernennenden Kommissar in öffentlicher Sitzung der Stadtverordneten-Versammlung vereidet.

Magistrats-Mitgliedern, welche ihr Amt mindestens neun Jahre mit Ehren bekleidet haben, kann in Uebereinstimmung mit der Stadtverordneten-Versammlung von dem Magistrat das Prädikat „Stadtältester“ verliehen werden.

Titel IV.

Von den Versammlungen und Geschäften der Stadtverordneten.

---

§ 35.

Die Stadtverordneten-Versammlung beschließt:

1) auf Beschwerden und Einsprüche, betreffend den Besitz oder den Verlust des Bürgerrechts, insbesondere des Rechts zur Theilnahme an den Wahlen zur Gemeindevertretung, sowie des Rechts zur Bekleidung einer den Besitz des Bürgerrechts voraussetzenden Stelle in der Gemeindeverwaltung oder Gemeindevertretung, die Verpflichtung zum Erwerbe oder zur Verleihung des Bürgerrechts, beziehungsweise zur Zahlung von Bürgergewinngeldern (Ausfertigungsgebühren) und zur Leistung des Bürgereides, die Zugehörigkeit zu einer bestimmten Bürgerklasse, die Richtigkeit der Gemeindewählerliste;
2) über die Gültigkeit der Wahlen zur Gemeindevertretung;

3) über die Berechtigung zur Ablehnung oder Niederlegung von Aemtern und Stellen in der Gemeindeverwaltung oder Vertretung, über die Nachtheile, welche gegen Mitglieder der Stadtgemeinde wegen Nichterfüllung der ihnen nach den Gemeindeverfassungs-Gesetzen obliegenden Pflichten, sowie über die Strafen, welche gegen Mitglieder der Gemeindevertretung wegen Zuwiderhandlungen gegen die Geschäftsordnung nach Maßgabe der Gemeindeverfassungs-Gesetze zu verhängen sind (Zust.-G. § 10).

Der Beschluß der Gemeindevertretung bedarf keiner Genehmigung oder Bestätigung von Seiten des Gemeindevorstandes oder der Aufsichtsbehörde. Gegen den Beschluß der Gemeindevertretung findet die Klage im Verwaltungsstreitverfahren beim Bezirks-Ausschusse binnen 2 Wocheu statt. Die Klage steht iu den vorberegten Fällen auch dem Gemeindevorstande zu. Die Stadtverordneten-Versammlung, beziehungsweise der Magistrat können zur Wahrnehmung ihrer Rechte im Verwaltungsstreit-Verfahren einen besonderen Vertreter bestellen (Zust.-G. § 11 Abs. 2).

Die Klage hat in den Fällen unter 1 und 2 keine aufschiebende Wirkung; jedoch dürfen Ersatzwahlen vor ergangener rechtskräftiger Entscheidung nicht vorgenommen werden (Zust.-G. § 11 Abs. 2).

Die Stadtverordneten-Versammlung hat außerdem über alle Gemeindeangelegenheiten zu beschließen, soweit dieselben nicht ausschließlich dem Magistrat überwiesen sind. Sie giebt ihr Gutachten über alle Gegenstände ab, welche ihr zu diesem Zwecke durch die Aufsichtsbehörden vorgelegt werden. Ueber andere als Gemeindeangelegenheiten dürfen die Stadtverordneten nur dann berathen, wenn solche durch besondere Gesetze oder in einzelnen Fällen durch Aufträge der Aufsichtsbehörde an sie gewiesen sind.

Die Stadtverordneten sind an keinerlei Instruction oder Aufträge der Wähler oder der Wahlbezirke gebunden.

§ 36.

Die Beschlüsse der Stadtverordneten bedürfen, wenn sie solche Angelegenheiten betreffen, welche durch das Gesetz dem Magistrat zur Ausführung überwiesen sind, der Zustimmung des letzteren.

Versagt dieser die Zustimmung, so hat er die Gründe dieser Versagung der Stadtverordneten-Versammlung mitzutheilen. Erfolgt hierauf keine Verständigung, zu deren Herbeiführung sowohl von dem Magistrat als von den Stadtverordneten die Einsetzung einer gemeinschaftlichen Kommission verlangt werden kann, so beschließt der Bezirks-Ausschuß über die zwischen dem Magistrat und der Stadtverordneten-Versammlung entstehenden Meinungsverschiedenheiten, wenn von einem Theile auf Entscheidung angetragen wird und zugleich die Angelegenheit nicht auf sich beruhen bleiben kann (Zust.-G. § 17 sub 1).

Die Stadtverordneten-Versammlung darf ihre Beschlüsse in keinem Falle selbst zur Ausführung bringen.

§ 37.

Die Stadtverordneten-Versammlung kontrolirt die Verwaltung. Sie ist daher berechtigt, sich von der Ausführung ihrer Beschlüsse und der Verwendung aller Gemeinde-Einnahmen Ueberzeugung zu verschaffen. Sie kann zu diesem Zwecke von dem Magistrat die Einsicht der Akten verlangen, und Ausschüsse aus ihrer Mitte ernennen, zu welchen der Bürgermeister ein Mitglied des Magistrats abzuordnen befugt ist.

§ 38.

Die Stadtverordneten-Versammlung wählt jährlich einen Vorsitzenden, sowie einen Stellvertreter desselben und einen Schriftführer, sowie einen Stellvertreter desselben aus ihrer Mitte; doch kann auch die Stelle des Schriftführers ein von den Stadtverordneten nicht aus ihrer Mitte gewählter, in öffentlicher Sitzung hierzu von dem Bürgermeister vereideter Protokollführer vertreten.

Diese Wahlen erfolgen in dem § 32 vorgeschriebenen Verfahren.

Die Stadtverordneten versammeln sich, so oft es ihre Geschäfte erfordern.

Der Magistrat wird zu allen Versammlungen eingeladen und kann sich durch Abgeordnete vertreten lassen.

Die Stadtverordneten können verlangen, daß Abgeordnete des Magistrats dabei anwesend sind. Der Magistrat muß gehört werden, so oft er es verlangt.

§ 39.

Die Zusammenberufung der Stadtverordneten geschieht durch den Vorsitzenden; sie muß erfolgen, sobald es von einem Viertel der Mitglieder oder von dem Magistrat verlangt wird.

§ 40.

Die Art und Weise der Zusammenberufung wird ein- für allemal von der Stadtverordneten-Versammlung festgestellt.

Die Zusammenberufung erfolgt unter Angabe der Gegenstände der Verhandlung; mit Ausnahme dringender Fälle muß dieselbe wenigstens zwei freie Tage vorher statthaben.

§ 41.

Durch Beschluß der Stadtverordneten können auch regelmäßige Sitzungstage festgesetzt, es müssen jedoch auch dann die Gegenstände der Verhandlung mit Ausnahme dringender Fälle zwei freie Tage vorher den Stadtverordneten und dem Magistrat angezeigt werden.

§ 42.

Die Stadtverordneten-Versammlung kann nur beschließen, wenn mehr als die Hälfte der Mitglieder zugegen ist. Eine Ausnahme hiervon findet statt, wenn die Stadtverordneten zum zweiten Male zur Verhandlung über denselben Gegenstand zusammen berufen, jedoch nicht in genügender Anzahl erschienen sind.

Bei der zweiten Zusammenberufung muß auf diese Bestimmung ausdrücklich hingewiesen werden.

§ 43.

Die Beschlüsse werden nach Stimmenmehrheit gefaßt. Bei Stimmengleichheit entscheidet die Stimme des Vorsitzenden.

Wer nicht mitstimmt, wird zwar als anwesend betrachtet, die Stimmenmehrheit wird aber lediglich nach der Zahl der Stimmenden festgestellt.

§ 44.

An Verhandlungen über Rechte und Verpflichtungen der Stadtgemeinde darf Derjenige nicht Theil nehmen, dessen Interesse mit dem der Gemeinde in Widerspruch steht.

Kann wegen dieser Ausschließung eine beschlußfähige Versammlung nicht gehalten werden, so hat der Magistrat oder, wenn auch dieser aus dem vorgedachten Grunde einen gültigen Beschluß zu fassen nicht befugt ist, der Bezirks-Ausschuß (Zust.-G. § 17 sub 2) für die Wahrung des Gemeindeinteresses zu sorgen und nöthigenfalls einen besonderen Vertreter für die Stadtgemeinde zu bestellen.

Sollte ein Prozeß der Stadtgemeinde gegen alle oder mehrere Mitglieder des Magistrats aus Veranlassung ihrer Amtsführung nothwendig werden, so hat der Regierungs-Präsident (Zust.-G. § 7) auf Antrag der Stadtverordneten-Versammlung zur Führung des Prozesses einen Anwalt zu bestellen.

§ 45.

Die Sitzungen der Stadtverordneten sind öffentlich.

Für einzelne Gegenstände kann durch besonderen Beschluß, welcher in geheimer Sitzung gefaßt wird, die Oeffentlichkeit ausgeschlossen werden.

Die Sitzungen dürfen nicht in Wirthshäusern oder Schänken gehalten werden.

§ 46.

Der Vorsitzende leitet die Verhandlungen, eröffnet und schließt die Sitzungen und handhabt die Ordnung in der Versammlung.

Er kann jeden Zuhörer aus dem Sitzungszimmer entfernen lassen, welcher öffentliche Zeichen des Beifalls oder des Mißfallens giebt oder Unruhe irgend einer Art verursacht.

§ 47.

Die Beschlüsse der Stadtverordneten-Versammlung und die Namen der dabei anwesend gewesenen Mitglieder sind in ein besonderes Buch einzutragen. Sie werden von dem Vorsitzenden und wenigstens drei Mitgliedern unterzeichnet.

Dem Magistrat müssen alle Beschlüsse der Stadtverordneten, auch diejenigen, welche ihm durch das Gesetz zur Ausführung nicht überwiesen sind, mitgetheilt werden.

§ 48.

Der Stadtverordneten-Versammlung bleibt überlassen, unter Zustimmung des Magistrats eine Geschäftsordnung abzufassen und darin Zuwiderhandlungen der Mitglieder gegen die zur Aufrechterhaltung der Ordnung gegebenen Vorschriften mit Strafen zu belegen; diese Strafen können nur in Geldbußen bis zu 15 Mark und bei mehrmals wiederholten Zuwiderhandlungen in der auf eine gewisse Zeit oder für die Dauer der Wahlperiode zu verhängenden Ausschließung aus der Versammlung bestehen. Versagt der Magistrat seine Zustimmung, so tritt das im § 36 vorgeschriebene Verfahren ein.

Die Stadtverordneten-Versammlung beschließt über die Strafen, welche gegen Mitglieder derselben wegen Zuwiderhandlungen gegen die Geschäftsordnung nach Maßgabe der Gemeindeverfassungs-Gesetze zu verhängen sind (Zust.G. § 10).

Der Beschluß der Stadtverordneten-Versammlung bedarf keiner Genehmigung oder Bestätigung von Seiten des Magistrats oder der Aufsichtsbehörde. Gegen den Beschluß der Stadtverordneten-Versammlung findet die Klage im Verwaltungsstreit-Verfahren beim Bezirks-Ausschusse binnen zwei Wochen statt. Die Klage steht auch dem Magistrate zu. Die Stadtverordneten-Versammlung, beziehungsweise der Magistrat können zur Wahrnehmung ihrer Rechte im Verwaltungsstreitverfahren einen besonderen Vertreter bestellen (Zust.-G. § 11 und § 21).

§ 49.

Die Stadtverordneten beschließen über die Benutzung des Gemeindevermögens; die Deklaration vom 26. Juli 1847 (Ges.-Samml. S. 327) bleibt dabei maßgebend.

Ueber das Vermögen, welches nicht der Gemeinde-Korporation in ihrer Gesammtheit gehört, kann die Stadtverordneten-Versammlnng nur insofern beschließen, als sie dazu durch den Willen der Betheiligten oder durch sonstige Rechtsmittel berufen ist.

Auf das Vermögen der Korporationen und Stiftungen haben die zur Stadtgemeinde gehörenden Einwohner (§ 3) als solche, und auf dasjenige Vermögen, welches blos den Hausbesitzern oder anderen Klassen der Einwohner gehört, haben andere Personen keinen Anspruch.

In Ansehung der Verwaltung und Verwendung des Vermögens der Stiftungen bewendet es bei den stiftungsmäßigen Bestimmungen. Soweit es hierbei auf den Begriff von Bürger ankommt, sind die Bestimmungen des gegenwärtigen Gesetzes (§ 5) an sich selbst nicht maßgebend.

§ 50.

Die Genehmigung des Regierungs-Präsidenten ist erforderlich:

zu Gemeindebeschlüssen über die Veräußerung oder wesentliche Veränderung von Sachen, welche einen besonderen wissenschaftlichen, historischen oder Kunstwerth haben, insbesondere von Archiven oder Theilen derselben (Zust.-G. § 16).

Die Genehmigung des Bezirks-Ausschusses (Zust.-G. § 16) ist erforderlich.

1) zur Veräußerung von Grundstücken und solchen Gerechtsamen, welche jenen gesetzlich gleichgestellt sind;
2) zu Anleihen, durch welche die Gemeinde mit einem Schuldenbestand belastet, oder der bereits vorhandene vergrößert wird, und
3) zu Veränderungen in dem Genusse von Gemeindenutzungen (Wald, Weide, Haide, Torfstich und dergleichen).

Hinsichtlich der Verwaltung der Gemeindewaldungen bewendet es bei den bestehenden Bestimmungen. — cfr. Gesetz über die Verwaltung der den Gemeinden gehörigen Holzungen vom 14. August 1876. — (Zust.-G. § 16 Abs. 2).

§ 51.

Die freiwillige Veräußerung von Grundstücken u. s. w. (§ 50 Nr. 1) darf nur im Wege der Licitation auf Grund einer Taxe stattfinden.

Zur Gültigkeit der Licitation gehört:

1) einmalige Bekanntmachung durch das Amtsblatt des Regierungsbezirks und die für Bekanntmachungen des Magistrats üblichen öffentlichen Blätter;
2) eine Frist von sechs Wochen von der Bekanntmachung bis zum Licitationstermin, und
3) Abhaltung dieses Termins durch eine Justiz- oder Magistratsperson.

Das Ergebniß der Licitation ist der Stadtverordneten-Versammlung mitzutheilen, und kann nur mit deren Genehmiguug der Zuschlag ertheilt werden.

In besonderen Fällen kann der Bezirks-Ausschuß (Zust.-G. § 16 Absatz 3) auch den Verkauf aus freier Hand sowie einen Tausch gestatten, sobald er sich überzeugt, daß der Vortheil der Gemeinde dadurch gefördert wird.

Für die Hypothekenbehörde genügt zum Nachweise, daß der Vorschrift dieses Paragraphen genügt worden, die Bestätigung des Vertrages durch den Bezirks-Ausschuß (Zust.-G. § 16 Abs. 3).

§ 52.

Der § 52 der Städte-Ordnung ist aufgehoben und an Stelle desselben das Gesetz vom 14. Mai 1860 getreten.

Gesetz vom 14. Mai 1860, betreffend das städtische Bürgerrecht.

(Ges.=Samml. für 1860, S. 237.)

§ 1. Die Vorschriften in dem § 52 der Städte=Ordnung für die sechs östlichen Provinzen der Monarchie vom 30. Mai 1853 wegen Erhebung eines Einzugsgeldes, eines Hausstands= oder Eintrittsgeldes und eines Einkaufsgeldes werden hierdurch aufgehoben. An Stelle derselben treten nachstehende Bestimmungen:

§ 2. Die Stadtgemeinden sind befugt, auf Grund von Gemeindebeschlüssen, welche die Genehmigung des Bezirks=Ausschusses (Zust.=G. § 16, Abs. 2) erhalten haben, die Entrichtung von

ꝛc. ꝛc.

2) Bürgerrechtsgeld bei Erwerb des Bürgerrechts (§ 5 a. a. O.), und
3) Einkaufsgeld anstatt oder neben einer jährlichen Abgabe für die Theilnahme an den Gemeindenutzungen (§ 50 Nr. 4 a. a. O.)

anzuordnen.

ꝛc. ꝛc.

§ 6. In denjenigen Städten, in welchen ein Bürgerrechtsgeld eingeführt ist, darf vor dessen Berichtigung das Bürgerrecht nicht ausgeübt werden. Abstufungen in dem Betrage der Abgabe siud statthaft.

Wo zur Zeit ein Hausstandsgeld erhoben wird, tritt bis zu anderweitiger Feststellung das Bürgerrechtsgeld mit gleichem Betrage an dessen Stelle.

Die Verpflichtung zur Entrichtung desselben tritt aber erst mit dem Zeitpunkte des Erwerbes des Bürgerrechts ein.

§ 7. Das Bürgerrechtsgeld darf innerhalb derselben Gemeinde von Niemandem zweimal erhoben werden. Es gilt in dieser Beziehung das bisherige Hausstandsgeld dem Bürgerrechtsgelde gleich.

Die im § 5 Nr. 3 und 4*) genann-

---

*) Anm. zu § 52 sub 7. Die in § 5 Nr. 3 und 4 genannten Personen sind:

1) die unmittelbaren nnd mittelbaren Staatsbeamten, die Lehrer und die Geistlichen, welche gemäß dienstlicher Verpflichtung ihren Wohnsitz in der Stadt nehmen;

2) Militairpersonen, die 12 Jahre im activen Dienststande sich befunden haben, bei der ersten Niederlassung, sowie die unter Nr. 1 genannten Personen

ten Personen sind in den dort erwähnten Fällen auch von der Entrichtung des Bürgerrechtsgeldes befreit.

§ 8. Die Verpflichtung zur Zahlung des Einkaufsgeldes, sowie der demselben entsprechenden jährlichen Abgabe ruht, so lange auf die Theilnahme an den Gemeindenutzungen verzichtet wird.

§ 9. Hinsichtlich der Verjährung und der Reklamationen findet das Gesetz vom 18. Juni 1840, jedoch nur mit der Maßgabe Anwendung, daß die nicht zur Erhebung gestellten Bürgerrechts- oder Einkaufsgelder erst in zwei Jahren nach Ablauf desjenigen Jahres, in welchem die Zahlungsverbindlichkeit entstanden ist, verjähren.

Das Gesetz vom 11. Juli 1822, sowie die Kabinetsordre vom 14. Mai 1832 sind auf die genannten Abgaben nicht anwendbar.*)

---

bei der ersten Verlegung des Wohnsitzes nach ihrem Ausscheiden aus dem activen Dienste.

*) Anm. Die hier nicht mitgetheilten §§ betreffen das Einzugsgeld, welches in Gemäßheit des Gesetzes vom 2. März 1867 nicht mehr erhoben werden darf.

Zu den in dem vorstehenden Gesetze vom 14. Mai 1860 beregten Gemeindebeschlüssen ist die Genehmigung des Bezirks-Ausschusses erforderlich (Zust.-Ges. § 16 Absatz 3).

§ 53.

Soweit die Einnahmen aus dem städtischen Vermögen nicht hinreichen, um die durch das Bedürfniß oder die Verpflichtungen der Gemeinde erforderlichen Geldmittel zu beschaffen, können die Stadtverordneten die Aufbringung von Gemeindesteuern beschließen.

Diese können bestehen:

1. In Zuschlägen zu den Staatssteuern, wobei folgende Bestimmungen gelten:
   1) die Steuer für den Gewerbebetrieb im Umherziehen darf nicht belastet werden;
   2) bei den Zuschlägen zur klassificirten Einkommensteuer muß jedenfalls das außerhalb der Gemeinde belegene Grundeigenthum außer Berechnung bleiben;
   3) die Genehmigung des Bezirks-Ausschusses (Zust.-G. § 16 Abs. 3) ist erforderlich:
      a) für alle Zuschläge zur Einkommensteuer;
      b) für Zuschläge zu den übrigen directen Steuern, wenn der Zuschlag entweder

fünfzig Procent der Staatssteuern übersteigen, oder nicht nach gleichen Sätzen auf diese Steuern vertheilt werden soll.

Zur Freilassung oder geringeren Belastung der letzten Klassensteuerstufe bedarf es dieser Genehmigung nicht;

c) für Zuschläge zu den indirecten Steuern.

II. In besonderen directen oder indirecten Gemeindesteuern, welche der Genehmigung des Bezirks-Ausschusses (Zust.-G. § 16 Abs. 3) bedürfen, wenn sie neu eingeführt, erhöht oder in ihren Grundsätzen verändert werden sollen.

Bei besonderen Kommunal-Einkommensteuern ist jedenfalls die sub I, 2 erwähnte Beschränkung maßgebend.

Die bestehenden directen Kommunal-Einkommensteuern werden einer erneuten Prüfung und Genehmigung des Bezirks-Ausschusses (Zust.-G. § 16 Absar 3) unterworfen.

In den über die Erhebung von Kommunalsteuern zu erlassenden, von dem Bezirks-Ausschusse (Zust.-G. § 16 Abs. 3) zu genehmigenden Regulativen können Ordnungsstrafen gegen die Kontravenienten bis auf Höhe von 30 Mark angeordnet werden.

Soweit es sich um die Aufbringung der Gemeindeabgaben und Dienste handelt, steht aus Gründen des öffentlichen Interesses gegen den auf Beschwerde ergehenden Beschluß des Provinzialraths dem Vorsitzenden des letzteren die Einlegung der weiteren Beschwerde an die Minister des Innern und der Finanzen zu. Hierbei finden die Bestimmungen des § 123 des Gesetzes über die allgemeine Landesverwaltung vom 30. Juli 1883 Anwendung.

Die Bestätigung (Genehmigung) von Gemeindebeschlüssen, durch welche besondere directe oder indirecte Gemeindesteuern neu eingeführt oder in ihren Grundsätzen verändert werden, bedarf der Zustimmung der Minister des Innern und der Finanzen (Zust.-G. § 16 Abs. 4 und 5).

§ 54.

Die Gemeinde kann durch Beschluß der Stadtverordneten zur Leistung von Diensten (Hand- und Spanndiensten) behufs Ausführung von Gemeindearbeiten verpflichtet werden; die Dienste werden in Geld abgeschätzt, die Vertheilung geschieht nach dem Maßstabe der Gemeindeabgaben oder in deren Ermangelung nach dem Maßstabe der directen Steuern.

Abweichungen von dieser Vertheilungsart bedürfen der Genehmigung des Bezirks-Ausschusses (Zust.-G. § 16 Abs. 3).

Die Dienste können, mit Ausnahme von Nothfällen, durch taugliche Stellvertreter abgeleistet oder nach der Abschätzung an die Gemeindekasse bezahlt werden.

§ 55.

Hinsichtlich der Verwaltung der Gemeindewaldungen bewendet es bei den bestehenden Bestimmungen (Zust.-G. § 16 Abs. 2).

Titel V.

Von den Geschäften des Magistrats.

§ 56.

Der Magistrat hat als Ortsobrigkeit und Gemeinde-Verwaltungsbehörde insbesondere folgende Geschäfte:

1) Die Gesetze und Verordnungen, sowie die Verfügungen der ihm vorgesetzten Behörden auszuführen;
2) Die Beschlüsse der Stadtverordneten-Versammlung vorzubereiten und, sofern er sich mit denselben einverstanden erklärt, zur Ausführung zu bringen;

   Der Magistrat ist verpflichtet, die Zustimmung und Ausführung zu versagen, wenn von den Stadtverordneten ein Beschluß gefaßt ist, welcher deren Befugnisse überschreitet, gesetz- oder rechtswidrig ist, das Staatswohl oder das Gemeinde-Interesse verletzt. In Fällen dieser Art ist nach den Bestimmungen im § 36 zu verfahren.

3) Die städtischen Gemeindeanstalten zu verwalten und diejenigen, für welche besondere Verwaltungen eingesetzt sind, zu beaufsichtigen;

4) Die Einkünfte der Stadtgemeinde zu verwalten, die auf dem Etat oder besonderen Beschlüssen der Stadtverordneten beruhenden Einnahmen und Ausgaben anzuweisen und das Rechnungs- und Kassenwesen zu überwachen.

Von jeder regelmäßigen Kassenrevision ist der Stadtverordneten-Versammlung Kenntniß zu geben, damit sie ein Mitglied oder mehrere abordnen könne, um diesem Geschäfte beizuwohnen; bei außerordentlichen Kassenrevisionen ist der Vorsitzende oder ein von demselben ein- für allemal bezeichnetes Mitglied der Stadtverordneten-Versammlung zuzuziehen.

5) Das Eigenthum der Stadtgemeinde zu verwalten und ihre Rechte zu wahren;

6) Die Gemeindebeamten, nachdem die Stadtverordneten darüber vernommen worden, anzustellen und zu beaufsichtigen. Die Anstel-

lung erfolgt, soweit es sich nicht um vorübergehende Dienstleistungen handelt, auf Lebenszeit; diejenigen Unterbeamten, welche nur zu mechanischen Dienstleistungen bestimmt sind, können jedoch auf Kündigung angenommen werden.

Die von den Gemeindebeamten zu leistenden Kautionen bestimmt der Magistrat nach Anhörung der Stadtverordneten-Versammlung.

In Städten bis zu 10,000 Einwohnern (§ 30, 2) können die Geschäfte des Gemeinde-Einnehmers nach Vernehmung der Stadtverordneten-Versammlung und mit Zustimmung des Bezirks-Ausschusses (Zust.-G. § 16, Abs. 3) dem Kämmerer übertragen werden.

7) Die Urkunden und Akten der Stadtgemeinde aufzubewahren;

8) Die Stadtgemeinde nach außen zu vertreten und Namens derselben mit Behörden und Privatpersonen zu verhandeln, den Schriftwechsel zu führen und die Gemeinde-Urkunden in der Urschrift zu vollziehen.

Die Ausfertigungen der Urkunden werden Namens der Stadtgemeinde von dem Bürgermeister oder seinem Stellvertreter gültig unterzeichnet; werden in denselben Verpflichtungen der Stadtgemeinde übernommen, so muß noch die Unterschrift eines Magistratsmitgliedes hinzukommen; in Fällen, wo die Genehmigung der Aufsichtsbehörde erforderlich ist, muß dieselbe in beglaubigter Form der gedachten Ausfertigung beigefügt werden.

9) Die städtischen Gemeindeabgaben und Dienste nach den Gesetzen und Beschlüssen auf die Verpflichteten zu vertheilen und die Beitreibung zu bewirken.

Außerdem beschließt der Magistrat auf Beschwerden und Einsprüche, betreffend

1) das Recht zur Mitbenutzung der öffentlichen Gemeindeanstalten, sowie zur Theilnahme an den Nutzungen und Erträgen des Gemeindevermögens,

2) Die Heranziehung oder die Veranlagung zu den Gemeindelasten.

Gegen den Beschluß findet die Klage im Verwaltungsstreitverfahren beim Bezirks-Ausschusse binnen zwei Wochen statt. Der Magistrat kann zur Wahrnehmung seiner Rechte in dem Verwaltungsstreitverfahren einen besonderen Vertreter bestellen (Zust.-G. § 18 und 21).

Gegen die Entscheidung des Bezirks-Ausschusses in den Fällen unter 2 ist nur das Rechtsmittel der Revision zulässig (Zust.=G. § 21).

Der Entscheidung im Verwaltungsstreitverfahren unterliegen desgleichen Streitigkeiten zwischen Betheiligten über ihre in dem öffentlichen Rechte begründete Berechtigung oder Verpflichtung zu den sub 1 und 2 beregten Nutzungen beziehungsweise Lasten.

Einsprüche gegen die Höhe von Gemeindezuschlägen zu den directen Staatssteuern, welche sich gegen den Principalsatz der letzteren richten, sind unzulässig.

Die Beschwerden und die Einsprüche, sowie die Klage haben keine aufschiebende Wirkung (Zust.=G. § 18).

§ 57.

Der Magistrat kann nur beschließen, wenn mindestens die Hälfte, in Stadtgemeinden, welche mehr als 100,000 Einwohner haben, mindestens ein Dritttheil seiner Mitglieder zugegen ist.

Die Beschlüsse werden nach Stimmenmehrheit gefaßt. Bei Stimmengleichheit ist die Stimme des Vorsitzenden entscheidend.

Den Vorsitz führt der Bürgermeister oder sein Stellvertreter.

Der Vorsitzende ist verpflichtet, wenn

ein Beschluß des Magistrats dessen Befugnisse überschreitet oder die Gesetze verletzt, entstehenden Falles auf Anweisung des Regierungs-Präsidenten, den Beschluß mit aufschiebender Wirkung unter Angabe der Gründe zu beanstanden. Gegen die Verfügung des Vorsitzenden steht dem kollegialischen Gemeindevorstande die Klage im Verwaltungsstreitverfahren bei dem Bezirks-Ausschusse binnen zwei Wochen zu. Der Magistrat kann zur Wahrnehmung seiner Rechte im Verwaltungsstreitverfahren einen besonderen Vertreter ernennen (Zust.-G. § 15 und § 11).

Der Beigeordnete nimmt auch außer dem Falle der Stellvertretung an den Verhandlungen und Beschlüssen Theil.

Bei Berathungen über solche Gegenstände, welche das Privatinteresse eines Mitgliedes des Magistrats oder seiner Angehörigen berühren, muß dasselbe sich der Theilnahme an der Berathung und Abstimmung enthalten, auch sich während der Berathung aus dem Sitzungszimmer entfernen.

§ 58.

Der Bürgermeister leitet und beaufsichtigt den ganzen Geschäftsgang der städtischen Verwaltung.

In allen Fällen, wo die bisherige Beschlußnahme durch den Magistrat einen nachtheiligen Zeitverlust verursachen würde, muß der Bürgermeister die dem Magistrat obliegenden Geschäfte vorläufig allein besorgen, jedoch dem letzteren in der nächsten Sitzung behufs der Bestätigung oder anderweitigen Beschlußnahme Bericht erstatten.

Zur Erhaltung der nöthigen Disciplin steht dem Bürgermeister das Recht zu, den Gemeindebeamten Geldbußen bis zu neun Mark und außerdem den unteren Beamten Arreststrafen bis zu drei Tagen aufzuerlegen (§§ 15, 19 und 20 des Gesetzes vom 21. Juli 1852, Ges.-Samml. S. 465).

Gegen die Strafverfügungen des Bürgermeisters findet innerhalb zwei Wochen die Beschwerde an den Regierungs-Präsidenten, und gegen den auf die Beschwerde ergehenden Beschluß des Regierungs-Präsidenten innerhalb zwei Wochen die Klage bei dem Oberverwaltungsgerichte statt. (Zust.-G. § 20 sub 2).

§ 59.

Zur dauernden Verwaltung oder Beaufsichtigung einzelner Geschäftszweige, sowie zur Erledigung vorübergehender Aufträge können besondere Deputationen entweder bloß aus Mitgliedern des Magistrats, oder aus Mitgliedern beider Gemeindebehörden oder aus letzteren und aus stimmfähigen Bürgern gewählt werden.

Zur Bildung gemischter Deputationen aus beiden Stadtbehörden ist der übereinstimmende Beschluß beider erforderlich.

Zu diesen Deputationen und Kommissionen, welche übrigens in allen Beziehungen dem Magistrat untergeordnet sind, werden die Stadtverordneten und stimmfähigen Bürger von der Stadtverordneten-Versammlung gewählt, die Magistrats-Mitglieder dagegen von dem Bürgermeister ernannt, welcher auch unter letzteren den Vorsitzenden zu bezeichnen hat.

Durch statutarische Anordnungen können nach den eigenthümlichen örtlichen Verhältnissen besondere Festsetzungen über die Zusammensetzung der bleibenden Verwaltungs-Deputationen getroffen werden.

Ueber die Gültigkeit von Wahlen solcher Gemeindebeamten beschließt der Bezirks-Ausschuß (Zust.G. § 14).

§ 60.

Städte von größerem Umfange oder von zahlreicherer Bevölkerung werden von dem Magistrat nach Anhörung der Stadtverordneten in Ortsbezirke getheilt.

Jedem Bezirk wird ein Bezirksvorsteher vorgesetzt, welcher von den Stadtverordneten aus den stimmfähigen Bürgern des Bezirks auf sechs Jahre erwählt und vom Magistrat bestätigt wird.

In gleicher Weise wird für den Fall der Verhinderung des Bezirksvorstehers ein Stellvertreter desselben angestellt.

Die Bezirksvorsteher sind Organe des Magistrats und verpflichtet, seinen Anordnungen Folge zu leisten, ihn namentlich in den örtlichen Geschäften des Bezirks zu unterstützen.

Ueber die Gültigkeit von Wahlen solcher Gemeindebeamten beschließt der Bezirks-Ausschuß (Zust.-G. § 14).

§ 61.

Jedes Jahr, bevor sich die Stadtverordneten-Versammlung mit dem Haushaltsetat beschäftigt, hat der Magistrat in öffentlicher Sitzung derselben über die Verwaltung und den Stand der Gemeindeangelegenheiten einen vollständigen Bericht zu erstatten.

Tag und Stunde werden wenigstens zwei freie Tage vorher in der Gemeinde bekannt gemacht.

§ 62.

Der Bürgermeister hat nach näherer Bestimmung der Gesetze folgende Geschäfte zu besorgen:

I. Wenn die Handhabung der Ortspolizei nicht Königlichen Behörden übertragen ist:

1) die Handhabung der Ortspolizei;
2) die Verrichtung eines Hülfsbeamten der Staatsanwaltschaft (Gerichtsverfassungs-Gesetz § 153).
3) die Verrichtungen eines Amtsanwaltes (Deutsches Gerichtsverfassungsgesetz § 143, Ausfertigungsgesetz dazu §§ 62, 63) vorbehaltlich der Befugniß der Behörde, in den Fällen 2 und 3 andere Beamte mit diesen Geschäften zu beauftragen.

Dem Bürgermeister am Sitze eines Gerichts kann die Vertretung der Amtsanwaltschaft (Ausführungsgesetz zum Gerichtsverfassungsgesetze §§ 62 und 63) bei dem Gericht auch für die übrigen Gemeinden des Gerichtsbezirks gegen angemessene Entschädigung aus Staatsfonds (Ausführungsgesetz zum Gerichtsverfassungsgesetze §§ 62—65) übertragen werden, in deren Hinsicht nähere Bestimmungen vorbehalten bleiben.

II. Alle örtlichen Geschäfte der Kreis-, Bezirks-, Provinzial- und allgemeinen Staatsverwaltung, namentlich auch die Geschäfte des Standesbeamten (Gesetz vom 6. Februar 1875 § 4) sofern nicht andere Behörden dazu bestimmt sind.

Einzelne dieser unter I und II erwähnten Geschäfte können mit Genehmigung des Regierungs-Präsidenten (Zust.-G. § 7) einem anderen Magistratsmitgliede übertragen werden.

§ 63.

In Betreff der Befugniß der Stadtbehörden, ortspolizeiliche Verordnungen zu erlassen, kommen die darauf bezüglichen Gesetze zur Anwendung.

Titel VI.

Von den Gehältern und Pensionen.

§ 64.

Der Normaletat aller Besoldungen wird von dem Magistrat entworfen und von den Stadtverordneten festgesetzt.

Ist ein Normal-Besoldungsetat überhaupt nicht oder nur für einzelne Theile der Verwaltung festgestellt, so werden die in solcher Weise nicht vorgesehenen Besoldungen vor der Wahl festgesetzt.

Hinsichtlich der Bürgermeister und der besoldeten Magistrats-Mitglieder unterliegt die Festsetzung der Besoldungen in allen Fällen der Genehmigung des Bezirks-Ausschusses (Zust.-Ges. § 16 Abs. 3).

Der Regierungs-Präsident (Zust.-G. § 7) ist ebenso befugt als verpflichtet, zu verlangen, daß ihnen die zu einer zweckmäßigen Verwaltung angemessenen Besoldungsbeträge bewilligt werden.

Den Beigeordneten, insofern ihnen nicht eine Besoldung besonders beigelegt ist (§ 31), können mit Genehmigung des Bezirks-Ausschusses (Zust.-G. § 16 Abs. 3) feste Entschädigungsbeträge bewilligt werden.

Schöffen und Stadtverordnete erhalten weder Gehalt noch Remuneration, und ist nur die Vergütung baarer Auslagen zulässig, welche für sie aus der Ausrichtung von Aufträgen entstehen.

§ 65.

Den Bürgermeistern und den besoldeten Mitgliedern des Magistrats sind, sofern nicht mit Genehmigung des Bezirks-Ausschusses (Zust.-Ges. § 16 Abs. 3) eine Vereinbarung wegen der Pension getroffen ist, bei eintretender Dienstunfähigkeit, oder wenn sie nach abgelaufener Wahlperiode nicht wieder gewählt werden, folgende Pensionen zu gewähren:

$^1/_4$ des Gehalts nach 6jähriger Dienstzeit,
$^1/_2$ " " " 12jähriger "
$^2/_3$ " " " 24jähriger "

Die auf Lebenszeit angestellten besoldeten Gemeindebeamten erhalten, insofern nicht mit dem Beamten ein Anderes verabredet worden ist, bei eintretender Dienstunfähigkeit Pension nach denselben Grundsätzen, welche bei den unmittelbaren Staatsbeamten zur Anwendung kommen.

Ueber streitige Pensionsansprüche der besoldeten Gemeindebeamten beschließt, soweit nach den Gemeindeverfassungsgesetzen die Beschlußfassung der Aufsichtsbehörde zusteht, der Bezirks-Ausschuß, und zwar, soweit der Beschluß sich darauf erstreckt, welcher Theil des Diensteinkommens bei Feststellung der Pensionsansprüche als Gehalt anzusehen ist, vorbehaltlich der den Betheiligten gegen einander zustehenden Klage im Verwaltungsstreitverfahren, im Uebrigen vorbehaltlich des ordentlichen Rechtsweges. Der Beschluß ist vorläufig vollstreckbar (Zust.-G. § 20 Abs. 4).

Die Pension fällt fort oder ruht insoweit, als der Pensionirte durch anderweitige Anstellung im Staats- oder Gemeindedienste ein Einkommen oder eine neue Pension erwirbt, welche mit Zurechnung der ersten Pension sein früheres Einkommen übersteigen.

Titel VII.

Von dem Gemeinde-Haushalte.

§ 66.

Ueber alle Ausgaben, Einnahmen und Dienste, welche sich im Voraus bestimmen lassen, entwirft der Magistrat jährlich, spätestens im Oktober resp. in den communalen Verwaltungen, welche für ihren Haushalt das Etatsjahr vom 1. April bis 31. März jeden Jahres angenommen haben, spätestens im Januar (Gesetz vom 29. Juni 1876 § 1) einen Haushaltsetat.

Mit Zustimmung der Stadtverordneten kann die Etatsperiode bis auf drei Jahre verlängert werden.

Der Entwurf wird acht Tage lang, nach vorheriger Verkündigung, in einem oder mehreren Lokalen zur Einsicht aller Einwohner der Stadt offen ausgelegt und alsdann von den Stadtverordneten festgestellt.

Eine Abschrift des Etats wird sofort der Aufsichtsbehörde eingereicht.

§ 67.

Der Magistrat hat dafür zu sorgen, daß der Haushalt nach dem Etat geführt werde.

Ausgaben, welche außer dem Etat geleistet werden sollen, bedürfen der Genehmigung der Stadtverordneten.

§ 68.

Die Gemeindeabgaben und die Geldbeträge der Dienste (§ 54), sowie die Abgaben für die Theilnahme an den Nutzungen (§ 52) und die sonstigen Gemeindegefälle werden von den Säumigen im Steuer-Exekutionswege beigetrieben.

§ 69.

Die Jahresrechnung ist von dem Einnehmer vor dem 1. Mai des folgenden Jahres resp. in den communalen Verwaltungen, welche für ihren Haushalt das Etatsjahr vom 1. April bis 31. März jeden Jahres angenommen haben, vor dem 1. August des folgenden Jahres (Gesetz vom 29. Juni 1876 § 1) zu legen und dem Magistrat einzureichen.

Dieser hat die Rechnung zu revidiren und solche mit seinen Erinnerungen und Bemerkungen den Stadtverordneten zur Prüfung, Feststellung und Entlastung vorzulegen.

§ 70.

Die Feststellung der Rechnung muß vor dem 1. Oktober resp. in den communalen Verwaltungen, welche für ihren Haushalt das Etatsjahr vom 1. April bis 31. März jeden Jahres angenommen haben, vor dem 1. Januar (Gesetz vom 29. Juni 1876 § 1) bewirkt sein.

Der Magistrat hat dem Regierungs-Präsidenten (Zust.-G. § 7) sofort eine Abschrift des Feststellungsbeschlusses vorzulegen.

Durch statutarische Anordnungen können auch andere Fristen, als vorstehend für die Legung und Feststellung der Rechnung bestimmt sind, festgesetzt werden.

§ 71.

Ueber alle Theile des Vermögens der Stadtgemeinde hat der Magistrat ein Lagerbuch zu führen.

Die darin vorkommenden Veränderungen werden den Stadtverordneten bei der Rechnungsabnahme zur Erklärung vorgelegt.

Titel VIII.

Von der Einrichtung der städtischen Verfassung ohne kollegialischen Gemeinde-Vorstand für Städte, welche nicht mehr als 2500 Einwohner haben.

§ 72.

In Städten von nicht mehr als 2500 Einwohnern kann auf Antrag der Gemeindevertretung unter Genehmigung des Bezirks-Ausschusses (Zust.-G. § 16, Abs. 3) die Einrichtung getroffen werden, daß

1) die Zahl der Stadtverordneten bis auf sechs vermindert, und
2) statt des Magistrats nur ein Bürgermeister, welcher den Vorsitz in der Stadtverordneten-Versammlung mit Stimmrecht zu führen hat, und zwei oder drei Schöffen, welche den Bürgermeister zu unterstützen und in Verhinderungsfällen zu vertreten haben, gewählt werden.

§ 73.

Wird eine Einrichtung nach Maßgabe der Bestimmung unter 2 in § 72 getroffen, so gehen alle Rechte und Pflichten, welche in den Vorschriften der Tit. I bis VII dem Magistrat beigelegt sind, auf den Bürgermeister mit denjenigen Modifikationen über, welche sich als nothwendig daraus ergeben, daß der Bürgermeister zugleich stimmberechtigter Vorsitzender der Stadtverordneten-Versammlung ist. Demselben steht insonderheit ein Recht der Zustimmung zu den Beschlüssen der Stadtverordneten nicht zu; er ist aber in den im zweiten Satze unter 2 des § 56 bezeichneten Fällen die Ausführung der Beschlüsse der Stadtverordneten-Versammlung zu beanstanden, und, wenn diese bei nochmaliger

Berathung bei ihrem Beschlusse beharrt, die Entscheidung des Bezirks-Ausschusses über die entstandenen Meinungsverschiedenheiten, wenn von einem Theile auf Entscheidung angetragen wird und zugleich die Angelegenheit nicht auf sich beruhen bleiben kann, einzuholen verpflichtet (Zust.-G. § 17 sub 1).

Im Uebrigen finden bei den Städten, welche die gedachte Einrichtung angenommen haben, die Vorschriften der Tit. I bis VII gleichfalls, jedoch mit der Maßgabe Anwendung, daß die Schöffen zugleich Stadtverordnete sein können, und daß es genügt, wenn die Beschlüsse der Stadtverordneten-Versammlung (§ 47) nur von dem Vorsitzenden und einem Mitgliede unterzeichnet werden.

Titel IX.

Von der Verpflichtung zur Annahme von Stellen und von dem Ausscheiden aus denselben wegen Verlustes des Bürgerrechts.

§ 74.

Ein jeder stimmfähiger Bürger ist verpflichtet, eine unbesoldete Stelle in der Gemeinde-Verwaltung oder Vertretung anzunehmen, sowie eine angenommene Stelle mindestens drei Jahre zu versehen.

Zur Ablehnung oder zur früheren Niederlegung einer solchen Stelle berechtigen, worüber die Stadtverordneten-Versammlung beschließt (Zust.-G. § 10), nur folgende Entschuldigungsgründe:

1) anhaltende Krankheit;
2) Geschäfte, die eine häufige oder lange dauernde Abwesenheit mit sich bringen;
3) ein Alter über sechzig Jahre;
4) die früher stattgehabte Verwaltung einer unbesoldeten Stelle für die nächsten drei Jahre;
5) die Verwaltung eines anderen öffentlichen Amtes;
6) ärztliche oder wundärztliche Praxis;
7) sonstige besondere Verhältnisse, welche nach dem Ermessen der Stadtverordneten-Versammlung eine gültige Entschuldigung begründen.

Wer sich ohne einen dieser Entschuldigungsgründe weigert, eine unbesoldete Stelle in der Gemeindeverwaltung oder Vertretung anzunehmen oder die noch nicht drei Jahre lang versehene Stelle ferner zu versehen, sowie derjenige, welcher sich der Verwaltung solcher Stellen thatsächlich entzieht, kann durch Beschluß der Stadtverordneten auf drei bis sechs Jahre der Ausübung des Bürgerrechts verlustig erklärt und um ein Achtel bis ein Viertel stärker zu den directen Gemeindeabgaben herangezogen werden.

Dieser Beschluß sowie der Beschluß der Stadtverordneten-Versammlung über die Berechtigung zur Ablehnung oder Niederlegung von Aemtern und Stellen in der Gemeindeverwaltung oder Vertretung bedürfen keiner Bestätigung von Seiten des Magistrats oder der Aufsichtsbehörde. Gegen die Beschlüsse finden Klagen im Verwaltungsstreitverfahren bei dem Bezirks-Ausschusse binnen zwei Wochen statt. Die Klagen stehen auch dem Magistrat zu. Die Stadverordneten-Versammlung, beziehungsweise der Magistrat können zur Wahrnehmung ihrer Rechte im Verwaltungsstreitverfahren einen besonderen Vertreter bestellen (Zust.-G. § 11 und § 21).

§ 75.

Wer eine das Bürgerrecht voraussetzende Stelle in der Verwaltung oder Vertretung der Stadtgemeinde bekleidet, scheidet aus derselben aus, wenn er des Bürgerrechts verlustig geht; im Falle des ruhenden Bürgerrechts tritt die Suspension ein (§ 7). Die Stadtverordneten-

Versammlung beschließt auf Beschwerden und Einsprüche, betreffend den Besitz oder Verlust des Rechts zur Bekleidung einer den Besitz des Bürgerrechts voraussetzenden Stelle in der Gemeinde-Verwaltung oder Gemeinde-Vertretung (Zust.-G. § 10).

Der Beschluß der Stadtverordneten-Versammlung bedarf keiner Genehmigung oder Bestätigung von Seiten des Gemeinde-Vorstandes oder der Aufsichtsbehörde. Gegen den Beschluß der Stadtverordneten-Versammlung findet die Klage im Verwaltungsstreitverfahren beim Bezirks-Ausschusse binnen zwei Wochen statt. Die Klage steht auch dem Magistrat zu. Die Klage hat keine aufschiebende Wirkung; jedoch dürfen Ersatzwahlen vor ergangener rechtskräftiger Entscheidung nicht vorgenommen werden. Die Stadtverordneten-Versammlung, beziehungsweise der Magistrat können zur Wahrnehmung ihrer Rechte im Verwaltungsstreitverfahren einen besonderen Vertreter bestellen (Zust.-G. § 11 und § 21).

Die zu den bleibenden Verwaltungs-Deputationen gewählten stimmfähigen Bürger (§ 59) und andere von der Stadtverordneten-Versammlung auf eine bestimmte Zeit gewählten unbesoldeten Gemeindebeamten, zu denen jedoch die Schöffen nicht zu rechnen sind, können durch Beschluß der Stadtverordneten (Zust.=G. § 10) auch vor Ablauf ihrer Wahlperiode von ihrem Amte entbunden werden.

Titel X.

Von der Oberaufsicht über die Stadt=Verwaltung.

§ 76.

Die Aufsicht des Staates über die Verwaltung der städtischen Gemeinde=Angelegenheit wird in erster Instanz von dem Regierungs=Präsidenten, in höherer und letzter Instanz von dem Ober=Präsidenten geübt, unbeschadet der in den Gesetzen geordneten Mitwirkung des Bezirks=Ausschusses und des Provinzialraths.

Für die Stadt Berlin tritt an die Stelle des Regierungs=Präsidenten der Ober=Präsident, an die Stelle des Ober=Präsidenten der Minister des Innern, für die Hohenzollernschen Lande tritt an die Stelle des Ober=Präsidenten der Minister des Innern.

Beschwerden bei den Aufsichtsbehörden

in städtischen Gemeindeangelegenheiten sind in allen Instanzen innerhalb zwei Wochen anzubringen (Zust.=G. § 7).

Der Bezirks=Ausschuß beschließt jedoch an Stelle der Aufsichtsbehörde:

1) über die Art der gerichtlichen Zwangsvollstreckung wegen Geldforderungen gegen Stadtgemeinden (§ 15 zu 4 des Einführungs=Gesetzes zur Deutschen Civilprozeß=Ordnung vom 30. Januar 1877, Reichs=Gesetzbl. S. 244);
2) über die Feststellung und den Ersatz der Defecte der Gemeindebeamten nach Maßgabe der Verordnung vom 24. Januar 1844 (Gesetz=Samml. S. 52); der Beschluß ist vorbehaltlich des ordentlichen Rechtsweges endgültig (Zust.=Ges. § 17 sub 4 und 5).

§ 77.

Beschlüsse der Stadtverordneten=Versammlung, welche deren Befugnisse überschreiten oder die Gesetze verletzen, hat der Gemeindevorstand entstehenden Falles auf Anweisung der Aufsichtsbehörde, mit aufschiebender Wirkung unter Angabe der Gründe zu beanstanden. Gegen die Verfügung des Gemeindevorstandes steht der

Gemeindevertretung die Klage im Verwaltungsstreitverfahren zu (Zust.=G. § 15).

Die Klage ist binnen zwei Wochen direct bei dem Bezirks=Ausschusse anzubringen. Die Stadtverordneten=Versammlung kann zur Wahrnehmung ihrer Rechte im Verwaltungsstreitverfahren einen besonderen Vertreter bestellen, ebenso der Magistrat (Zust.=G § 21). Für den Stadtkreis Berlin ist das Ober=Verwaltungsgericht zuständig (Zust.=G. § 21).

§ 78.

Unterläßt oder verweigert eine Stadtgemeinde, die ihr gesetzlich obliegenden, von der Behörde innerhalb der Grenzen ihrer Zuständigkeit festgestellten Leistungen auf den Haushaltsetat zu bringen oder außerordentlich zu genehmigen, so verfügt der Regierungs=Präsident unter Anführung der Gründe die Eintragung in den Etat, beziehungsweise die Feststellung der außerordentlichen Ausgabe.

Gegen die Verfügung des Regierungs=Präsidenten steht der Gemeinde die Klage beim Ober=Verwaltungsgerichte zu (Zust.=Ges. § 19).

§ 79.

Durch Königliche Verordnung auf den Antrag des Staats-Ministeriums kann eine Stadtverordneten-Versammlung aufgelöst werden. Es ist sodann eine Neuwahl derselben anzuordnen, und muß diese binnen sechs Monaten, vom Tage der Auflösungs-Verordnung an, erfolgen.

Bis zur Einführung der neu gewählten Stadtverordneten beschließt der Bezirks-Ausschuß an Stelle der aufgelösten Stadtverordneten-Versammlung (Zust.-G. § 17 sub 3).

§ 80.

Bezüglich der Dienstvergehen der Bürgermeister, Beigeordneten, Magistrats-Mitglieder und sonstigen Gemeindebeamten kommen die Bestimmungen des Gesetzes vom 21. Juli 1852 mit folgenden Maßgaben zur Anwendung:

1) Gegen die Bürgermeister, Beigeordneten und Magistrats-Mitglieder, sowie gegen die sonstigen Gemeindebeamten kann an Stelle der Bezirksregierung und innerhalb des derselben bisher zustehenden Ordnungsstrafrechts der Regierungs-Präsident Ordnungsstrafen festsetzen. Gegen die

Strafverfügungen des Regierungspräsidenten findet innerhalb zwei Wochen die Beschwerde an den Oberpräsidenten, gegen den auf die Beschwerde ergehenden Beschluß des Oberpräsidenten findet innerhalb zwei Wochen die Klage bei dem Oberverwaltungsgerichte statt. In Berlin findet gegen die Strafverfügungen des Oberpräsidenten, in den Hohenzollernschen Landen findet gegen die Strafverfügungen des Regierungs-Präsidenten innerhalb zwei Wochen unmittelbar die Klage bei dem Oberverwaltungsgerichte statt.

2) Gegen die Strafverfügungen des Bürgermeisters findet innerhalb zwei Wochen die Beschwerde an den Regierungs-Präsidenten, und gegen den auf die Beschwerde ergehenden Beschluß des Regierungs-Präsidenten innerhalb zwei Wochen die Klage bei dem Oberverwaltungsgerichte statt.

3) In dem Verfahren auf Entfernung aus dem Amte wird die Einleitung des Verfahrens von dem Regierungs-Präsidenten, beziehungsweise dem Minister des Innern verfügt und von

demselben der Untersuchungs-Kommissar ernannt; an die Stelle der Bezirks-Regierung, beziehungsweise des Disciplinarhofes tritt als entscheidende Disciplinarbehörde erster Instanz der Bezirks-Ausschuß; an die Stelle des Staats-Ministeriums tritt das Ober-Verwaltungsgericht; den Vertreter der Staatsanwaltschaft ernennt bei dem Bezirks-Ausschusse der Regierungs-Präsident, bei dem Ober-Verwaltungsgerichte der Minister des Innern.

In dem vorstehend bezüglich der Entfernung aus dem Amte vorgesehenen Verfahren ist entstehenden Falls auch über die Thatsache der Dienstunfähigkeit der Bürgermeister, Beigeordneten, Magistratsmitglieder und sonstigen Gemeindebeamten Entscheidung zu treffen.

Gegen Mitglieder der Gemeindevertretung findet ein Disciplinarverfahren nicht statt (Zust.-G. § 20).

Titel XI.

Ausführungs- und Uebergangs-Bestimmungen.

§ 81.

Die zur Ausführung dieses Gesetzes erforderlichen Bestimmungen werden von dem Minister des Innern getroffen.

§ 82.

In Städten, wo die Einführung der Gemeinde-Ordnung vom 11. März 1850 bereits beendigt ist, tritt die gegenwärtige Städte-Ordnung sogleich nach ihrer Verkündigung in Kraft und an die Stelle jener Gemeinde-Ordnung; die auf Grund der letzteren gewählten Bürgermeister, Beigeordneten, Schöffen und alle anderen besoldeten und unbesoldeten Gemeindebeamten, sowie die Mitglieder des Gemeinderaths, diese als Stadtverordnete, verbleiben jedoch in ihren Stellen bis zum Ablaufe der Periode, für welche sie gewählt worden sind, und behalten, soweit sie eine besoldete Stelle bekleiden, ihre bisherigen Besoldungen und Pensionsansprüche.

§ 83.

In Städten, wo die Einführung der Gemeinde-Ordnung vom 11. März 1850 bis zur

Einsetzung des Gemeinderaths gediehen ist, bleiben die Mitglieder desselben in ihren Stellen als Stadtverordnete bis zum Ablaufe der Periode, für welche sie gewählt worden sind; im Uebrigen ist sowohl dort, als in allen anderen Städten, für welche diese Städte-Ordnung noch gegeben ist (§ 1), nach den Vorschriften derselben mit der Einführung der städtischen Verfassung und Verwaltung zu verfahren.

§ 84.

Die seitherigen nicht gewählten und nicht ausdrücklich auf Kündigung angestellten Oberbürgermeister und Bürgermeister, welche bei Einführung der gegenwärtigen Städte-Ordnung weder in ihren Aemtern und Einkünften belassen, noch anderweitig mit gleichem Einkommen angestellt werden, haben, sofern nicht für diesen Fall bereits früher eine andere verbindliche Bestimmung getroffen worden ist, einen Anspruch auf Pension.

Diejenigen dieser Beamten, welche auf Kündigung angestellt sind, von welcher jedoch observanzmäßig niemals oder doch nur aus besonderen Gründen Gebrauch gemacht worden ist, sind den lebenslänglich angestellten Beamten gleichzusetzen, wenn nicht einer der Gründe eintritt, aus welchen die Kündigung vorbehalten ist.

Blos vorläufig und kommissarisch ohne Zeitbestimmung angestellten Beamten steht dieser Anspruch erst nach sechsjähriger Dienstzeit zu.

Wenn ein solcher Beamter demnächst von der Stadt für dieselbe Stelle auf Zeit gewählt worden ist, so wird seine Dienstzeit, behufs der Feststellung seiner Pensionsberechtigung, von der Zeit des Eintritts in die kommissarische Dienstleistung gerechnet.

Die Pension beträgt nach kürzerer als zwölfjähriger Dienstzeit $^1/_4$, nach zwölf- oder mehr als zwölfjähriger Dienstzeit $^1/_2$, nach vierundzwanzigjähriger Dienstzeit $^2/_3$ des seitherigen reinen Diensteinkommens. Was als solches anzusehen, wird im Verwaltungswege endgültig festgesetzt.

Die Pension fällt fort oder ruht insoweit, als der Pensionirte durch anderweitige Anstellung im Staats- oder Gemeindedienste ein Einkommen oder eine neue Pension erwirbt, welche mit Zurechnung der ersten Pension sein früheres Einkommen übersteigen.

Die Pensionen werden von den Stadtgemeinden, in welchen die Beamten gegenwärtig angestellt sind, geleistet.

Alle vorstehend nicht bezeichneten Gemeinde-Beamten sind in ihren Aemtern und Einkünften zu belassen und behalten ihre bisherigen Pensions-Ansprüche.

§ 85.

Der Zeitpunkt, mit welchem in den einzelnen im § 83 erwähnten Städten die Einführung gegenwärtiger Städte-Ordnung beendigt sein wird, ist durch das Amtsblatt des Regierungs-Bezirks zur öffentlichen Kenntniß zu bringen.

Von diesem Zeitpunkte an treten für die betreffenden Städte die bisherigen Gesetze und Verordnungen über die Verfassung der Stadtgemeinden außer Kraft.

Druck von Emil Billig, Berlin W.